Sonderausgabe im Sammelband

© 2017 Carlsen Verlag GmbH, Völckersstraße 14–20, 22765 Hamburg
Alle deutschen Rechte vorbehalten
Umschlagillustrationen: Miriam Cordes
Lithografie: ReproTechnik Fromme, Hamburg
Gestaltung: Karin Kröll, Hamburg

ISBN: 978-3-551-22272-5

Carlsen-Bücher gibt es überall im Buchhandel und auf www.lesemaus.de.
Newsletter mit tollen Lesetipps kostenlos per E-Mail: www.carlsen.de

# Die schönsten 3-Minuten Vorlese-Geschichten

Erzählt von Julia Boehme, Barbara Rose, Julia Breitenöder,
Marianne Loibl, Christin Schill, Christian Tielmann
und anderen

# Inhalt

# Inhalt

# Inhalt

# Inhalt

# Hugo und die Hummelkiste

Erzählt von Joachim Schultz
Illustriert von Hermien Stellmacher

Es war ein warmer Frühlingstag. Bienen und Hummeln flogen fleißig von Blume zu Blume. Hugo saß am Wegesrand und seufzte. Fliegen müsste man können ... In diesem Augenblick setzte sich eine Hummel auf eine Blume direkt vor seiner Nase. Hugo schaute ihr zu und murmelte: »Die hat's gut. Die kann fliegen. Ob ich wohl auch fliegen kann, so wie eine Hummel? Schließlich habe ich auch einen Pelz. Vielleicht bin ich ja ein waschechter Hummelbär?«, überlegte er.

Hugo stellte sich auf die Wiese vor seinem Haus, das auf einem Hügel stand. »Ach, wäre das toll, mal eine Runde zu fliegen. Ich probiere es einfach.« Zögernd bewegte er die Arme auf und ab, als hätte er Flügel. Dann ruderte er immer schneller und rannte den Hügel hinunter, zog die Beine hoch und ... landete unsanft im Gras. Enttäuscht schlurfte er den Hügel wieder hoch.

Am nächsten Morgen überlegte
Hugo, wie der zweite Flugver-
such aussehen könnte. Wenn
es nicht so klappte, könnte
er sich vielleicht ein Fluggerät
bauen. Nach dem Frühstück ging er
in die Bücherei und schaute sich Bücher über
Flugtechnik an. Das war alles ganz schön kompliziert. Schließlich
entschied er sich für ein bestimmtes Modell. Schon bald hörte man
lautes Hämmern und Sägen hinter dem Bärenhaus. Hugo schleppte
Dachlatten aus der kleinen Scheune heran, studierte die Pläne,
nahm Maß, schnitt Stoffbahnen auseinander und wischte sich
immer wieder den Schweiß von der Stirn. Ausgerechnet jetzt kam
die Bärenbande vorbei. »Das hat mir gerade noch gefehlt«, stöhnte
Hugo. Meistens hatte die Bärenbande nämlich Unfug im Kopf.
»Was soll denn das werden, wenn es fertig ist?«, ärgerten sie ihn.
»Ihr werdet euch noch alle wundern«, entgegnete Hugo ihnen mutig.
Nach drei Tagen war es dann endlich so weit. Vorsichtig schob
Hugo seine Flugmaschine, die Hummelkiste, wie er sie inzwischen
nannte, auf den höchsten Punkt des Hügels. Sie sah wirklich sehr
komisch aus. Zwei Flügel aus bunten Stoffen und ein Wirrwarr aus
Stangen, Schnüren und Fähnchen. Das Ganze stand auf zwei etwas
wackelig aussehenden Rädern. Vorsichtig setzte er sich hinein, zog
seine Mütze tief in die Stirn und ließ die Hummelkiste den Berg
runterrollen. Er wurde immer schneller, und dann war es so weit:
»Hurraaaaa!!«, brüllte er. »Es klappt!« Kaum hatte Hugo das gesagt,

krachte er auch schon durch die Zweige eines Baumes und blieb etwas benommen am Boden liegen.

»He, hast du dich verletzt?« Hugo schaute aus den Trümmern seiner Hummelkiste und sah einen Dachs. »Ich heiße Hugo«, begann er, »eigentlich dachte ich, ich bin ein Hummelbär und ...« Es sprudelte nur so aus ihm heraus. »Und ich bin Kasimir«, stellte sich der Dachs vor. »Das ist ja ein tolles Ding.« – »Wo kommst du denn plötzlich her?«, wollte Hugo wissen. »Ich hatte eine Höhle unten beim Fluss, aber die steht seit gestern unter Wasser. Normalerweise können Dachse prima schwimmen – nur bei mir klappt das leider nicht.« Hugo überlegte kurz. »Du kannst ja zu mir kommen«, schlug er vor. »Bei mir ist genug Platz für zwei.« Und so schleppten sie gemeinsam die Hummelkiste den Hügel hinauf und stellten sie in Hugos Garten.

Müde, aber zufrieden saßen beide am Abend gemütlich vor dem Haus und tranken heiße Schokolade. »Weißt du, Hugo«, begann Kasimir, »manchmal bin ich besonders traurig darüber, dass ich nicht schwimmen kann. Aber dann schließe ich die Augen und träume davon, ganz tief tauchen und schnell schwimmen zu können. Und alle anderen finden das auch große Klasse. Nach so einem Traum geht es mir schon viel besser. Vielleicht träumst du auch ab und zu mal vom Fliegen. Das ist viel ungefährlicher ...«

Hugo nickte. »Ich glaube, du hast Recht.« Die Fähnchen der Hummelkiste flatterten leise im Wind.
Hugo schloss die Augen und
flog eine große Runde über dem Tal.

# Sternenbärenhimmel

Erzählt von Julia Boehme
Illustriert von Katja Bandlow

Wenn es dunkel wird im Bärenland, gehen Nepomuk und Charlie eigentlich nach Hause in ihre Bärenhöhle. Heute aber nicht. Da bleiben sie einfach auf der großen Blumenwiese liegen. Die Vorderpfoten hinter den dicken Bärenköpfen verschränkt, schauen sie hoch zu den Sternen, die oben am blauschwarzen Himmel um die Wette glitzern. »Was machen die Sterne eigentlich tagsüber?«, fragt Nepomuk verträumt. »Spielen natürlich!«, antwortet Charlie prompt. »Meinst du wirklich?« Nepomuk kratzt sich verwundert am Ohr. »Was denn sonst?«, lacht Charlie. »Wir spielen doch auch den ganzen Tag!« – »Und was spielen die so?«, fragt Nepomuk neugierig. Charlie zuckt mit den Schultern. »Fußball vielleicht?« – »Oh ja! Da möchte ich mitspielen!«, ruft Nepomuk begeistert. »Ach, ich wünschte, wir könnten mal zu den Sternen fliegen!« Und da im Bärenland alle Herzenswünsche erfüllt werden, landet – hast-du-nicht-gesehen – eine knallbunte Rakete mitten auf der Blumenwiese. Nepomuk und Charlie müssen nur noch einsteigen und schon saust die Rakete los: hoch in den Himmel hinauf. Die beiden Freunde drücken ihre Bärennasen am Fenster platt und staunen: Die Blumenwiese wird immer kleiner und kleiner. Blitzschnell fliegen sie durch die Wolken, den Sternen entgegen.

Zu den Sternen aber ist es eine weite Reise. Das dauert schon eine Nacht – mindestens. Und deshalb machen es sich Charlie und Nepomuk in den Raketen-Hängematten gemütlich und schlafen ein wenig. Nepomuk träumt vom Sternenfußball. Und Charlie vom Ritt auf einem Kometenschweif.

Plötzlich gibt es einen kleinen Ruck. Die Rakete ist gelandet: »Milchstraße. Alles aussteigen. Der Flug endet hier!«, sagt eine Stimme. Nepomuk und Charlie purzeln aus den Hängematten, kullern zur offenen Raketentür hinaus und fallen mit einem kleinen Plumps auf eine große Straße, die so weiß ist wie Milch. Verdutzt reiben sie sich die Augen, denn vor ihnen stehen zwei herrlich leuchtende Sternenbären: ein großer und ein kleiner. »Hallo!«, begrüßt Charlie die Sternenbären vorsichtig. »Wer seid ihr denn?« – »Ich bin der Große Bär!«, sagt der große Sternenbär. »Und ich bin der Kleine Bär!«, ruft der kleine Sternenbär. »Wir wohnen hier. In der Milchstraße Nr. 7. Und wer seid ihr?«

Da stellen sich auch Charlie und Nepomuk vor. Und sie sind hier genau richtig. Denn in der Milchstraße wohnen alle Sterne und Himmelsbewohner. »Wir sind hier«, erklärt Nepomuk, »um herauszufinden, was ihr und die anderen Sterne tagsüber so macht!« Der Kleine Bär lacht. »Spielen natürlich!«

»Habt ihr vielleicht Lust, mit uns Fußball zu spielen?«, fragt der

große Sternenbär, schnappt sich einen kleinen gelben Mond und fängt an zu dribbeln. »Klar doch!«, rufen Charlie und Nepomuk begeistert. Und wer hätte gedacht, dass Fußball mit einem echten Mond so viel Spaß macht?

In der Pause trinken die vier Bären echte Milchstraßenmilch und schlecken Himmelshonig. »Kann man hier auch reiten?«, fragt Charlie auf einmal. »Aber ja doch!«, ruft der große Sternenbär. »Wir haben erstklassige Kometenschweife!« Die Bären rennen zur Kometenkoppel. Und wenig später galoppieren sie schon auf den putzmunteren Kometenschweifen kreuz und quer durch die Lüfte. »Yippie!«, ruft Charlie und fühlt sich wie ein echter Sternencowboy. Die vier Bärenfreunde reiten und spielen, bis es dunkel wird. »Und was macht ihr nachts?«, murmelt Nepomuk leise. Denn er ist plötzlich ganz müde. »Nachts«, gähnt der kleine Sternenbär, »schlafen wir in unserem Himmelbett. Und wenn ihr wollt, ist da auch noch Platz für euch!« – »Oh ja!«, seufzt Charlie schläfrig und kuschelt sich mit den anderen Bären in das riesengroße, weiche Himmelbett. Nach Hause fliegen können sie ja auch morgen noch. Und so kann man an diesem Abend von der Erde aus nicht nur den Großen und den Kleinen Bären in ihrem Himmelbett sehen – wie sonst auch –, sondern noch zwei Bären dazu! »Vier Bären! Das gibt es doch gar nicht!«, ruft da ein Sternengucker ganz erstaunt, als er von der Erde aus durch sein großes, langes Fernrohr blickt. Und putzt verwundert seine Brille.

# Kleiner Frosch ganz groß

Erzählt und illustriert von Michael Schober

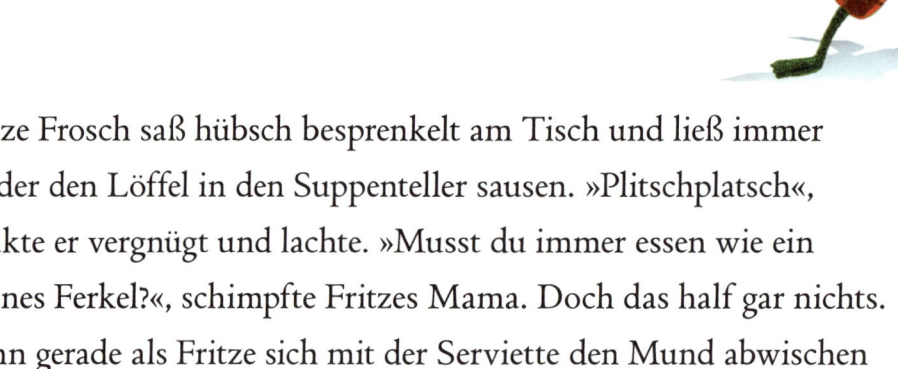

Fritze Frosch saß hübsch besprenkelt am Tisch und ließ immer
wieder den Löffel in den Suppenteller sausen. »Plitschplatsch«,
quakte er vergnügt und lachte. »Musst du immer essen wie ein
kleines Ferkel?«, schimpfte Fritzes Mama. Doch das half gar nichts.
Denn gerade als Fritze sich mit der Serviette den Mund abwischen
wollte, stieß er auch noch seinen Becher um, und alles schwappte
auf den Tisch.

Um keinen Ärger zu bekommen, sprang Fritze schnell auf.
Er knallte die Haustür zu und lief in den Garten. Fritzes Mama
lief ihm hinterher und knallte ebenfalls die Haustür zu.

»Oh nein«, rief sie gleich darauf, »jetzt habe ich uns ausge-
sperrt!« – »Dann soll Papa die Tür aufschließen«, sagte Fritze.
Aber Papa kam immer erst abends nach Hause.

Ratlos standen sie vor dem Haus. »Wir müssen irgendwie
ins Haus kommen«, stöhnte Mama, »es sieht nach Regen aus.«
Doch alle Fenster und Türen waren geschlossen.

»Da oben im Schornstein, da ist ein Loch,
Mama, oder?« Fritze hatte eine Idee. Sie
stiegen vorsichtig über eine Leiter auf das
Dach und sahen in den Schornstein.

»Aber das Loch im Schornstein ist viel zu klein für mich«, seufzte Fritzes Mama verzweifelt. »Ich kann da nicht durchschlüpfen.«

»Für mich ist das Loch nicht zu klein«, stellte Fritze fest.

Etwas mulmig war ihm schon, aber er wollte es trotzdem versuchen. Schwupps, war er in dem schwarzen Tunnel verschwunden. Vorsichtig rutschte er durch den Kamin und landete mit einer schwarzen Rußwolke im Wohnzimmer. Fritzes Mutter wartete gespannt vor der Haustür. Da riss Fritze die Haustür auf. Ein über und über schwarz beschmierter kleiner Frosch strahlte seine Mutter an und fiel ihr in die Arme. Sie drückte ihn ganz fest an sich.

»Ach, Fritze«, strahlte seine Mama, »du bist ein Held, weißt du das? Du hast uns gerettet, mein Schatz.«

»Ach, Mama, und du siehst aus wie ein kleines Ferkel«, lachte Fritze. Denn der schwarze Ruß, den Fritze Frosch aus dem Kamin mitgebracht hatte, war nun auch im Gesicht seiner Mutter.

Jetzt fing es an zu regnen. Und die beiden tanzten noch so lange im Garten, bis der Regen beide wieder blitzblank gewaschen hatte.

# Die Zwillinge

Erzählt von Christin Schill
Illustriert von Anke Hennings-Huep

Anne sieht genauso aus wie Liese.
Und Liese sieht haargenau so aus
wie Anne. Eigentlich ist das auch
nicht weiter verwunderlich, denn Anne
und Liese sind Zwillinge. Eineiige Zwillinge.
Und weil sie als eineiige Zwillinge so ganz
gleich aussehen, können sie alle damit reinlegen.

Na ja, fast alle. Bei Mama und Papa zum Beispiel klappt das
nicht. Aber sonst eigentlich immer. Und das ist meistens ziemlich
lustig. Außer neulich, da war es erst mal nicht so lustig, weil sie
von der Doppelschaukel gefallen waren. Alle beide. Anne hatte
sich den Kopf verletzt und Liese den linken Fuß. Frau Hollmann
hatte Mama angerufen und dann waren sie ins Krankenhaus gefah-
ren. Wie sich herausstellte, war Lieses Fuß verstaucht und Annes
Gehirn erschüttert. Liese bekam einen dicken Verband um den Fuß
und Anne einen um die Stirn, wegen der Platzwunde.

»Ich will aber auch einen Fußverband«, sagte Anne zu der
Krankenschwester. »Und ich einen Kopfverband«, rief Liese. »Sonst
sehen wir ja nicht mehr gleich aus«, beschwerte sich Anne.

Mama zuckte entschuldigend mit den Schultern – sie kannte

das schon. Wenn auch nur eine Haarspange unterschiedlich war, gab es ein Riesentheater.

»Meinetwegen«, sagte die Krankenschwester und verband Annes linken Fuß und Lieses Kopf. »Die Frau Doktor kommt gleich noch einmal«, sagte sie und ging kopfschüttelnd aus dem Zimmer. Zufrieden zupften die beiden an ihren Verbänden.

»Anneliese Schuster?«, fragte die Ärztin, als sie ins Zimmer trat. »Nein«, riefen die Mädchen wie aus einem Mund. Die Ärztin sah erstaunt von ihren Papieren auf. »Ich bin Liese und das ist Anne«, erklärte Liese. »Anneliese ist unsere Oma«, ergänzte Anne. »Mama wollte ihre Tochter wie die Oma nennen«, erklärte Liese weiter. »Aber weil wir ja dann zwei geworden sind, hat Mama den Namen einfach in der Mitte geteilt.« – »Gute Idee, oder?«, fragte Anne und grinste die Ärztin an. »Äh ... ja«, sagte die Ärztin und blickte verwirrt auf ihren Zettel. »Also Folgendes: Frau Schuster, wir möchten, äh ...« Sie blätterte noch einmal ihre Zettel durch. »Äh ... Anne gerne heute Nacht zur Beobachtung hierbehalten. Liese darf nach Hause.« – »Auf keinen Fall!«, riefen beide Mädchen und schüttelten die Köpfe. Die Ärztin lächelte nachsichtig. »Keine Angst, deine äh ... eure Mutter kann auch mit hier im Krankenhaus übernachten.« – »So ein Quatsch, wir haben doch keine Angst«, empörte sich Anne. »Sie können aber nicht nur eine von uns behalten«, sagte Liese. »Außerdem wissen Sie ja gar nicht, welches Gehirn erschüttert ist! Und welcher Fuß nach Hause darf ...«, riefen beide und deuteten erst auf ihre Köpfe und dann auf ihre Füße. »Also schön«, sagte die Ärztin gereizt. »Dann bleiben eben beide hier. Ich lasse noch ein zweites Bett bringen. Frau Schuster, möchten Sie auch bleiben?«, fragte die Ärztin. »Kommt nicht in Frage«, rief Liese prompt, »unser Papa kann ja nicht alleine zu Hause sein.« Anne nickte. Ein zweites Bett wurde gebracht und Mama nach Hause geschickt.

»So ein Unsinn«, sagte Liese, als alle weg waren. »Wofür brauchen wir denn ein zweites Bett?« Schnell krabbelte sie zu Anne hinüber. Sie legte sich mit dem Kopf ans Fußende, so dass sie ihre Beine miteinander verhakeln konnten. Genau wie zu Hause. Und dann spielten sie ›Welches Tier krabbelt hier?‹ und ›Mein Zeh, dein Zeh!‹ und all die Spiele, die sie zu Hause unter der Bettdecke auch immer spielten. Zwischendurch kam die Nachtschwester noch einmal und fragte, ob auch alles gut sei, weil sie so ein Gekreische gehört hatte. »Alles prima«, sagte Anne, »kein Kopfweh mehr.« – »Und auch kein Fußweh«, bestätigte Liese. »Und nicht mal Heimweh«, ergänzte Anne und beide kicherten. In dieser Nacht im Krankenhaus wurde wenig geschlafen und sehr viel gelacht. Aber das war ja eigentlich immer so, wenn Liese und Anne zusammen waren.

# Die schusselige Geburtstagsfee

Erzählt von Christin Schill
Illustriert von Anke Hennings-Huep

So viel zu tun! Gleich
drei Geburtstage hat
Tiffy, die Geburtstagsfee, für morgen auf ihrem Zettel.

»Oh Mann«, stöhnt die Geburtstagsfee und rauft sich die
Haare. Das bedeutet richtig viel Arbeit heute Nacht. Erst muss sie
alle Geschenke abholen und sie verpacken. Dann zu den einzelnen
Kindern bringen, sie hübsch auf den Geburtstagstischen verteilen
und – wenn sie es schafft – auch noch Blumen besorgen. Sie schaut
auf ihre Liste. Na, dann wollen wir mal: Leo wird vier. Er wünscht
sich einen Bagger, und ein ... ein »Schezfug«. Ein was?! Tiffy kann
das nicht lesen. Wo ist denn jetzt schon wieder ihre Lesebrille?
Herrje, dass diese Kinder aber auch nicht mal ordentlich schreiben
können, oder wenigstens ordentlich malen. Aha, ein »Schlitten« soll
das sein. Und irgendwas mit Dinosauriern. Gut, weiter.

Sarah wird fünf und wünscht sich ein Buch über Katzen und
ein Prinzessinnenkleid für ihre Puppe. (Die Größe steht nicht
dabei – na toll, da muss sie jetzt noch mal nachfragen, sonst passt
das Kleid nicht. Und dann hat sie hinterher das ganze Umtausch-
schlamassel.) Und wen haben wir noch? Eine Emma. Sie wünscht
sich ein paar neue Turnschuhe in Größe sechsunddreißig

(wenigstens steht hier die Größe dabei!) und Kopfhörer in Pink oder Lila. Und einen Schokokuchen. Jetzt muss sich Tiffy aber ranhalten.

Die ganze Nacht braucht sie, bis sie alles zusammen- und verpackt hat. Sogar Blumen hat sie noch besorgt. Tiffy macht sich auf den Weg. Gerade noch rechtzeitig vor dem Morgengrauen. Denn wenn die Kinder aufwachen, muss ja alles perfekt sein. Zuerst zu Sarah. Schnell verteilt sie die Geschenke, wirft noch etwas Konfetti auf den Geburtstagstisch. Und weiter geht's zu Leo. Sechs Päckchen hat sie noch, blöderweise hatte sie aber nur noch eine Sorte Geschenkpapier. Und nun weiß sie nicht mehr, in welchem Päckchen der Bagger und in welchem die Turnschuhe waren. »Wird schon gut gehen«, denkt sie und legt schnell drei Pakete auf den Tisch. Jetzt noch zu Emma. Es wird bestimmt gleich hell. Zack, die Blumen auf den Tisch. Und da war doch noch was ... An irgendetwas sollte sie hier doch noch denken. Ach ja, der Kuchen! Puh, geschafft.

Aber ein Paket ist noch in ihrer Tüte. Sie kann sich beim besten Willen nicht erinnern, für wen das bestimmt war. Darum legt sie es einfach bei Emma mit dazu. Am Morgen stehen alle drei Kinder mit großen Augen vor ihren Geburtstagstischen. Glücklich packen sie ihre Geschenke aus. Nur Leo stutzt etwas bei seinem neuen Prinzessinnenkleid. Und Emma wundert sich ein bisschen, warum sie zum elften Geburtstag ein Dinosauriermalbuch bekommt. Aber sie freuen sich alle trotzdem.

# Das Sandmännchen ist da

Erzählt von Barbara Rose
Illustriert von Miriam Cordes

»Potz Blitz und Sandsturm, das gibt es doch nicht!« Erschöpft lässt sich der Sandmann in seinen Lieblingssessel sinken. »Was ist bloß mit mir los? Ich bin so kaputt, dass ich noch nicht mal aufstehen kann. Meine Knie zittern, mein Hals tut weh und mir ist schwindelig.« Beunruhigt legt ihm Frau Sandmann die Hand auf die Stirn. »Kein Wunder, lieber Mann. Du hast Fieber! Da hilft nur eins: Abmarsch ins Bett!« – »Ins Bett! Ich?« Der Sandmann hustet heftig. »Wo denkst du hin? Das geht doch nicht. Ich bin der Sandmann, ich sorge dafür, dass die anderen ins Bett gehen. Ich muss den Kindern Traumsand in die Augen streuen, damit sie schlafen können.« »Aber, wenn du krank bist, dann musst du ...«, beginnt Frau Sandmann. Doch der Sandmann hält sich die Ohren zu. »Papperlapapp. Gar nichts muss ich.« Geräuschvoll putzt er sich die triefende Schnupfennase. »Ich stehe jetzt auf, packe meinen Sack und ... oha!«

Gerade als sich der Sandmann unter lautem Stöhnen den Sack mit Traumsand auf den Rücken wuchten will, versagen ihm erst die Arme, danach die Knie, dann die Beine. Wie ein gefällter Baum stürzen er und der Sack mit Traumsand auf die Dielen. Zum Glück landet der Sandmann relativ weich auf seinem

Sandsack. Sein kleiner Sohn, das Sandmännchen, hält sich erschrocken die Hände vor den Mund. »Papa! Was machst du denn!?« Er hilft seinem Vater sich aufzusetzen. »Mama hat Recht. Wenn du den Traumsand nicht schleppen kannst, dann bist du krank.« Widerstandslos lässt sich der Sandmann ins Schlafzimmer schieben. Frau Sandmann angelt die Mütze von seinem Kopf und legt ihm den Schlafanzug mit den bunten Streifen aufs Bett. »Jetzt aber sofort ausziehen. Ich bringe dir heißen Tee und eine Hühnerbrühe.« – »Tee und Hühnerbrühe, pfui Spinne«, mault der Sandmann. »Kann ich nicht lieber ein dickes Leberwurstbrot haben und ...«

Frau Sandmann hebt streng den Zeigefinger. »Keine Widerrede. Deckst du Papa bitte gut zu, Sandmännchen?« Der kleine Sandmann wartet, bis sein Papa in den Schlafanzug geschlüpft ist. Behutsam legt Sandmännchen die warme Decke über ihn. »Du bist ganz blass, Papa«, flüstert Sandmännchen. »Kann ich noch was für dich tun?« Der Sandmann seufzt. »Wir müssen überlegen, wer heute meine Nachtschicht übernimmt. Ohne Traumsand können die Kinder nicht einschlafen.« – »Ist doch kein Problem.« Sandmännchen zuckt mit den Schultern. »Das mache ich!«

»Du?« Der Sandmann sieht ihn mit großen Augen an. »Du?«, fragt auch Frau Sandmann, als sie mit dem Erkältungstee ins

Zimmer kommt. »Aber klar!« Sandmännchen stemmt die Hände in die Hüften. »Ich habe Papa schon so oft begleitet. Ich kenne mich aus.« – »Ja, aber ...«, stammelt der Sandmann. »Weißt du denn auch, dass die kleine Lilli ...«

»... immer niesen muss, wenn du ihr Sand in die Augen streust. Deshalb muss man ganz vorsichtig sein«, ergänzt Sandmännchen. »Ja, und bei Nils klemmt das Fenster im Kinderzimmer, deshalb ...«, beginnt der Sandmann. »... muss ich den kleinen Schraubenzieher mitnehmen, damit ich es auch sicher aufkriege«, beendet Sandmännchen den Satz. Der Sandmann holt tief Luft. »Und Max und Theo schlafen immer erst ganz spät ein ...« – »Ich weiß doch«, meint Sandmännchen. »Deshalb sind sie die letzten Kinder auf meiner Runde. Mach dir keine Sorgen, Papa, alles wird gut.«

Genauso ist es. Als der Sandmann nach einer Woche im Bett endlich wieder aufstehen kann, hat sich Sandmännchen so an seine Arbeit gewöhnt, dass er gar nicht mehr aufhören will. Deshalb gehen sie seitdem gemeinsam auf Reise. Der Sandmann mit seinem großen Sack voll Traumsand, das Sandmännchen mit einem kleinen Säckchen voll Traumsand. Zu Lilli und Nils, zu Max und Theo, zu Mona, Layla und Finn. Und ganz bestimmt auch zu dir!

# Vampir Kuno und die Wackelzähne

Erzählt von Marianne Loibl
Illustriert von Anke Hennings-Huep

Kuno kann es kaum erwarten. Wann bekommt er echte Eckzähne? Kuno ist ein Vampir, ein noch ziemlich junger Vampir. Gespannt schaut sich Kuno im Spiegel an, aber er sieht dort nur Milchzähne!

Seine Freunde Paul und Phillip grinsen und zeigen ihre Zähne. »Wir können schon prima Blut saugen!«, sagen sie in der Schulpause. Diese Angeber!, denkt Kuno.

Am Abend ruckelt Kuno an den Milchzähnen, dennoch rührt sich da leider nichts. Ihm ist zum Heulen zu Mute. Ob er mal mit Mama zum Zahnarzt gehen soll?

Doch als sie endlich einen Termin bei Doktor Lücke haben, tröstet der Arzt Kuno nur: »Du musst einfach Geduld haben. Du bist gerade erst 206 Jahre alt geworden. In ein paar Monaten hast auch du deine Eckzähne.« – »Hoffentlich«, schimpft Kuno.

Auf dem Nachhauseweg fragt er seine Mutter: »Was ist Geduld?« Mama lächelt. »Geduld ist, wenn man warten kann«, antwortet sie. Oje, denkt Kuno, Geduld habe ich nicht, dann kriege ich wohl nie Eckzähne. Ihm ist schon wieder zum Heulen.

Am Wochenende sitzt die Vampir-Familie am Frühstückstisch

und Papa sagt: »Heute fahren wir mal in den Gruselpark!« Kuno jubelt: »Super, da gibt es Blutorangensaft und Grusel-Schleim-Eis!«

Der Gruselpark ist riesengroß. Zuerst gehen sie in den Gespenster-Irrgarten mit den vielen Spiegeln. Kuno geht mutig voran. Aber in den Irrgartenscheiben spiegelt sich alles, auch Kunos mickrige Milchzähne. Plötzlich ist Kuno wieder traurig. Doofer Gruselpark! Am liebsten würde er losheulen. Doch erst in der Geisterbahn weint Kuno, denn dort sieht es niemand. Obwohl: Auch Vampire dürfen mal heulen, hat Papa gesagt, besonders, wenn sie Zahnsorgen haben!

Plötzlich fällt in der Geisterbahn der Strom aus! »Schimmelige Blutorangen!«, flucht Kuno. Weil nicht mal eine einzige Lampe leuchtet, ist es stockdunkel. Kuno steckt ausgerechnet in der gruseligsten Ecke fest und Mama und Papa warten draußen vor der Geisterbahn auf ihn!

»Alle raus!«, ruft da auch schon ein Mann vom Geisterbahnteam. Kuno tapst im Dunkeln voran, da passiert es: Er stolpert über ein Kabel. »Aua!«, schreit Kuno.

Er spürt einen brennenden Schmerz im Mund. Und dann schmeckt er lecker Blut. Er fasst sich an die Zähne und kann es kaum glauben: Seine Milch-Eckzähne wackeln!

Mama und Papa schauen besorgt, doch Kuno zeigt ihnen stolz die Wackelzähne. Dann holt er tief Luft und zieht kräftig daran. Endlich sind die Milch-Eckzähne draußen!

»Juhu!«, schreit Kuno und hüpft vor Freude herum.

Doch was ist das? Kuno fühlt mit der Zunge und tastet mit den Fingern. Keine Spur von den neuen Zähnen!

»Ich bekomme nie Eckzähne!«, ruft Kuno ganz verzweifelt.

Weil er so traurig ist, fühlt er sich sehr müde.

»Leg die Zähne unter dein Kissen!«, sagt Mama tröstend, als sie ihn zu Bett bringt. »Vielleicht lässt dir die Zahnfee ein Geschenk da.« Kuno schläft erschöpft ein.

Als er wieder erwacht, sind seine Zähne unter dem Kissen verschwunden. Aber ihr Geschenk hat die Zahnfee vergessen! Voller Enttäuschung und Wut beißt sich Kuno in die Hand. Aua! »Was ist das?«, ruft Kuno. Er sieht zwei deutliche Einstiche! Sofort rennt er zum Spiegel. »Aber das, das ist ...«, stottert er.

Kuno hat Vampir-Eckzähne! »Jetzt bin ich endlich ein echter Vampir!«, jubelt er.

# Sieben Tage schlafen bis Papa

Erzählt von Marianne Loibl
Illustriert von Anke Hennings-Huep

»Kann mich Papa vom Kindergarten abholen?«, fragt Tim
morgens beim Frühstück. »Nun«, antwortet seine Mama,
»heute hole ich dich ab. Du kannst zu Papa, wenn du sieben
Mal geschlafen hast.«

Tim sieht seine Hand an. Da sind fünf Finger. S i e b e n !
Das dauert ja ewig. »Sieben ist doof!«, ruft er und springt vom
Stuhl. In seinem Zimmer malt er eine Sieben auf das Blatt und
dann noch eine. Tim verwendet nur ganz dunkle Farben, aber
es sieht immer noch zu fröhlich aus.

Nachmittags spielen Tim, Lukas und Max am Klettergerüst. Sie sind Ritter und Piraten und Drachenfänger. Tim hat
gerade auf dem Meer einen Drachen gefangen und ... Da kommt
Mama! Wird er jetzt schon abgeholt? »Mama«, ruft Tim, »kann
ich bitte bleiben? Ich will noch ...« – »Hallo, Tim!« Mama
lächelt. »Nein, wir müssen dringend zum Einkaufen.« – »Einkaufen?«, ruft Tim. »Ich will noch spielen!« – »Bitte, wir müssen los!«, sagt Mama leise.

Tim holt seine Tasche. Er ist jetzt kein Drachenfänger mehr.
Im Supermarkt gibt es sogar schon Adventskalender! Dabei
bastelt Tim gerade erst an seiner Martinslaterne. Mit so einem

Kalender kann er leichter auf Weihnachten warten. Da hat Tim plötzlich eine Idee! Er läuft zu Mama und hilft beim Einpacken.

Den Samstagmorgen mag Tim besonders gerne. Da können Mama und er lange frühstücken. Er drückt sie ganz fest. Tim findet, auch Drachenfänger dürfen das. Dann holt er seine Malsachen und zeichnet einen Strand und den schönsten Drachen, den er je gemalt hat. Das Bild ist für Papa. Von heute an wird er Papa immer ein Bild malen, wenn er auf ihn wartet. Er zeichnet gerne und dann dauert das Warten nicht so lange. Wie beim Adventskalender, nur viel schöner, weil es ein Tim-Papa-Kalender wird.

Tim hat jetzt sieben Bilder gemalt. Er läuft auf Papa zu und zwei Arme fangen ihn auf. »Hallo, mein Drachenbändiger!«, sagt Papa. Ganz fest drückt Tim sein Gesicht an Papas Gesicht.

Dann fährt er mit Papa in dessen neue Wohnung. Zusammen haben sie leckere Nudeln gekocht, ein bisschen getobt und auch gespielt. Schon ist Zeit zum Schlafen, aber Tim muss noch eine ganz wichtige Frage stellen: »Hast du mich jetzt nicht mehr lieb, weil du nicht mehr bei mir wohnst?« – »Wie kommst du darauf?«, fragt Papa. »Ich liebe dich sehr! Immer, egal wo ich bin, ob ich schlafe oder esse oder arbeite«, sagt Papa schließlich. Tim kratzt sich an der Wange. »Aber was ist, wenn du mal keine Zeit hast?«, fragt er. – »Auch dann ist meine Liebe für dich immer da. – Weißt du noch, letzten Sommer am Meer?«, fragt Papa. Tim nickt.

»Die Liebe von Mama und Papa ist genau wie das Meer und der Strand: Sie bleiben für immer und ewig da, was auch passiert. Der Strand ist wie die Liebe. Alle Menschen sehnen sich danach.« Tim nickt. »Am Strand zu sein ist toll. Bloß im Winter will dort keiner schwimmen und spielen.«

Papa lächelt. »Stimmt, aber das Meer und der Strand – die sind trotzdem da!« – »Für immer und ewig!«, sagt Tim und kuschelt sich an Papa.

# Bibbergunni

Erzählt von Christin Schill
Illustriert von Anke Hennings-Huep

Es gibt einen Ort auf unserer Erde, da ist eigentlich immer Winter. Auch im Sommer. Dort ist alles weiß – so weit man gucken kann. Komischerweise heißt dieser Ort Südpol. Nun sollte man meinen, im Süden wäre es warm. Aber das stimmt nicht. Am Südpol ist es so was von kalt. Brrrrrr. Minus vierzig Grad, manchmal sogar minus sechzig. Das muss man sich mal vorstellen. Das ist so kalt wie zehn Kühlschränke oder sogar zwanzig. Für uns wäre es dort auf jeden Fall viel zu kalt und ungemütlich. Aber nicht für die Pinguine. Sie lieben das Eis und den Schnee und vor allem die Kälte.

Alle, außer einem. Gunnar ist wohl der einzige Pinguin der Welt, der immer friert. Er hat ständig kalte Füße, und zwar richtig kalte Füße, und meistens hängt ihm auch ein kleiner gefrorener Tropfen an der Nase ... äh am Schnabel. Und weil er ständig so bibbert, nennen ihn seine Freunde Bibbergunni. Gunnar mag diesen Spitznamen gar nicht, aber er traut sich nicht, das den anderen zu sagen. Bibbergunni – wie klingt denn das?! Wie ein Babyname. Dabei wird Gunnar morgen schon sechs. Und ab dann – das hat er sich fest vorgenommen – möchte er auf keinen Fall mehr so genannt werden. Am Geburtstagsmorgen packt er seine Geschenke aus. Auch Oma hat ihm ein Paket geschickt. Sie hat sich viel Mühe gemacht und ihm ein paar dicke Socken und eine warme Mütze gestrickt. Die Socken sind blau-weiß gestreift und die Mütze ist blau, mit einer weißen Bommel. Gunnar freute sich riesig. Er zieht beides sofort an. Passt perfekt! Und es ist kuschelig warm.

Nur, ehrlich gesagt ... vor seinen Freunden ist ihm das ein bisschen peinlich. Keiner von ihnen hat Socken – oder gar eine Mütze! Gunnar seufzt und will sie gerade wieder ausziehen. »Quatsch«, sagt Papa. »Du gehst so, wie es dir gefällt. Ist doch egal, was die anderen sagen. Hauptsache, du fühlst dich wohl.« Also marschiert Gunnar los, auf seinen dicken warmen Socken und mit seiner blauen Mütze auf dem Kopf. Er fühlt sich wirklich sehr wohl, denn zum allerersten Mal friert er überhaupt nicht mehr. Er hat warme Füße!

Und dann geschieht etwas Überraschendes: Es lacht ihn gar niemand aus. Okay, ein paar gucken komisch und die Mädchen tuscheln. Aber die haben ja immer was zu tuscheln. Darum ist ihm das auch egal. Er hat einen richtig tollen Tag mit seinen Freunden. Und weil er ja nun auch nicht mehr bibbert, sagt auch niemand mehr Bibbergunni zu ihm. Später wollen einige sogar die Mütze mal aufprobieren. Und dann sagt irgendeiner: »Sieht eigentlich voll cool aus.« Dreimal dürft ihr raten, was sich seine Freunde zu Weihnachten wünschen.

# Benni traut sich

Erzählt von Marianne Loibl
Illustriert von Anke Hennings-Huep

»Benni, lass uns um die Wette klettern!«, ruft Rocco. »Ich möchte lieber schaukeln«, antwortet Benni. »Angst-Affe!«, lacht Samu. Geschickt hangeln sich die kleinen Schimpansen Rocco und Samu auf den Seilen und Ästen nach oben.

Mit klopfendem Herzen sieht Benni ihnen nach. Wenn er sich nur trauen würde! Doch die Äste hängen so hoch und die Seile schwingen bei der kleinsten Bewegung! Allein beim Hinsehen wird Benni schwindelig.

»Schon gefrühstückt?«, fragt Simon. Benni schlägt sich vor Freude seine Fäuste an die Brust. Wenn Tierpfleger Simon Dienst hat, bekommt Benni eine Banane extra und er darf sogar auf Simons Schultern sitzen.

Simon stellt einen Karton mit Bällen und bunten Stoffen hin. Vor Neugierde vergisst Benni seine Banane. Schnell ergreift Benni ein blaues Stoffstück. Es ist ein T-Shirt, so eine Art Fell, das Menschen tragen! Ob er dieses Menschendings mal anziehen soll? Warum nicht?

»Na, Benni, hast du dich schick gemacht?«, fragt Simon lachend. Benni stolziert zur großen Glasfront. Da trifft ihn plötzlich ein Ball mitten auf den Hinterkopf.

»Au!«, schreit er. Rocco und Samu kreischen frech aus der Höhe: »Benni traut sich nicht die Seile rauf! Frisst lieber nur Bananen zuhauf! Benni Banani!«

Traurig trollt sich Benni in seine Schlafecke. Nachts schläft er wie immer eng an Mama gekuschelt. Auf einmal wird er wach. Tante Kiki stöhnt und hält sich den Bauch. »Soll ich Hilfe holen?«, fragt Benni, obwohl er keine Ahnung hat, wie er das hinbekommen soll. Doch Kiki, die sonst so viel plappert, antwortet kein Wort. Plötzlich weiß Benni, wie ernst die Lage ist. Er überlegt und guckt durch das Gehege, das im Dämmerlicht liegt. Ob er Krach schlagen soll? Das hört der Nachtpfleger bestimmt!

Bennis Blick fällt auf die frei schwingenden Holzklötze, ganz oben am Ende der hohen Kletterwand. Die kann man wunderbar laut gegen die Glasscheibe schmettern.

Aber die Holzklötze sind ganz weit  o b e n ! Benni fasst mit zittrigen Händen das erste Seil. Oh, wie das schaukelt! Igitt – das soll Affen Spaß machen? Einmal hochziehen und noch einmal –

der erste Ast! Nur nicht runtergucken! Er klettert und klettert. Geschafft! Benni ist o b e n !

Er schlägt die Hölzer an die Glasfront. Was für ein herrlicher Lärm mitten in der Nacht! Es dauert nicht lange, bis Nachtpflegerin Anna herbeieilt. Anna hat die Situation gleich erkannt und ruft den Tierarzt an. Er ist schnell da und kümmert sich um Tante Kiki.

Am nächsten Morgen lobt Simon Benni, der sich vor Müdigkeit noch die Augen reibt. »Gut gemacht, kleiner Held! Kiki geht es dank deiner Hilfe wieder besser. Sie muss noch ein bisschen ausruhen und Diät halten, aber sie wird wieder gesund«. Benni klopft sich stolz mit den Fäusten an die Brust.

»Hey, Benni Banani!«, rufen Rocco und Samu. Es klingt diesmal aber nicht voller Spott wie sonst. »Kommst du mit uns spielen?«, fragt Rocco. »Aber klar!«, ruft Benni. Und dann klettert er die Seile hoch, als hätte er es schon immer so gemacht.

# Schäfchen Klecks und die Sterne

Erzählt von Ana Zabo
Illustriert von Marion Elitez

Es war ein fast gewöhnlicher Abend. Der Himmel über der Schaf-
weide schimmerte rötlich von den Lichtern der nahen Großstadt.
Doch dann hörte das kleine Schaf Klecks, wie die alten Schafe von
vergangenen Zeiten erzählten. »Früher war die Nacht noch dunkel«,
schwärmten sie. »Da war der Himmel ganz schwarz. Der Mond
und die Sterne leuchteten hell.« Und die Uroma klagte: »Nirgends
ist es mehr so richtig dunkel.«

»Wer weiß«, sagte Klecks. »Ich will losgehen und den Ort
suchen, wo die Nacht am dunkelsten ist.« – »Ja, geh nur«, lächelten
Mama und Papa. »Es ist gut, wenn ein kleines Schaf sich früh in
der Welt umsieht.«

Zuerst lief Klecks in die falsche Richtung. Es kam immer tiefer
in die Stadt. Von der Nacht war schon nichts mehr zu sehen.

Überall funkelten Leuchtreklamen und Laternen. Da bemerkte Klecks plötzlich einen Hund im Schatten auf dem Gehweg. »Hallo, Hund«, grüßte Klecks. Der Hund drehte sich um. Ihm war nachts in der Stadt noch nie ein Schaf begegnet. »Ja, bitte?«, antwortete er. »Ich suche den Ort, wo die Nacht am dunkelsten ist«, sagte Klecks. Der Hund kratzte sich mit der Pfote hinterm Ohr. »Völlig falsche Richtung«, sagte er. »Am besten, du nimmst die Straßenbahn. Stadtauswärts. Bis zur Endstation.« – »Vielen Dank«, sagte Klecks und sprang schnell auf die erste Bahn, die vorbeifuhr.

Auch in der Straßenbahn war es sehr hell. Sie ruckelte und zuckelte. Klecks konnte nicht erkennen, ob die Nacht draußen dunkler oder heller wurde. Schließlich schnaufte die Bahn und rührte sich nicht mehr. Durch die offenen Türen wehte der Nachtwind herein. Das ist wohl die Endstation, überlegte das kleine Schaf und stieg aus. Am Straßenrand leuchteten noch immer Laternen. Und Autos sausten vorbei. Ich will mich ins Feld schlagen, dachte Klecks und hüpfte weit über einen Graben.

Auf dem Feld saß ein Kaninchen und knabberte Möhren. »Ich suche den Ort, wo die Nacht am dunkelsten ist«, sagte Klecks. »Wenn's weiter nichts ist«, entgegnete das Kaninchen und führte das Schaf zu seinem Bau. »Komm nur herein«, sagte es. Klecks folgte ihm, so gut es ging.

Es zwängte und schlängelte sich die Gänge hinab, bis sie in einer Höhle tief unter der Erde ankamen. Hier war es ganz dunkel. Es roch muffig nach feuchtem Sand. Baumwurzeln und Modder streiften Klecks' Nase. »Und?«, fragte das Kaninchen stolz. »Ist es das, was du suchst?« Klecks verdrehte seinen Kopf. »Aber wo ist der Mond? Wo sind die Sterne?« – »Du hast wirklich noch nichts von der Welt gesehen«, erwiderte das Kaninchen. »Dies ist eine Höhle, ein Kaninchenbau! Hier unten gibt es keinen Mond und keine Sterne.« Klecks kroch mit den Hinterbeinen voran wieder aus dem Bau hinaus. »Trotzdem schönen Dank«, sagte es. »Bloß, was nützt mir eine Nacht ohne Mond und ohne Sterne?«

Das kleine Schaf zog weiter und kam schließlich in einen Wald. Wieder konnte es den Himmel nicht sehen. Das Blätterdach war dicht und undurchdringlich. Klecks wollte schon umkehren, als plötzlich oben vom Baum herab eine Stimme wisperte: »So spät noch unterwegs?« Es war eine Fledermaus, die kopfunter am Ast hing. Klecks erzählte ihr, wonach es suchte. Die Fledermaus flog voraus und führte das kleine Schaf zu einer Lichtung mitten im Wald. Doch merkwürdig. Dort standen zwei ... drei ... vier, viele grauweiße Knäuel herum. »Da kommt ja Klecks!«, riefen die Knäuel im Chor. Es waren die alten Schafe. Auch sie hatten sich auf den Weg gemacht. Klecks freute sich riesig. Gemeinsam wandten alle den Blick nach oben. Und wirklich: Hier war die Nacht am dunkelsten. Am tiefschwarzen Himmel leuchteten der Mond und die Sterne so hell, wie es das kleine Schaf noch nie zuvor gesehen hatte.

»Ist es nicht schön?«, sagten die Alten.

»O ja«, seufzte Klecks.

# Wunschfee Luna und der Sturm

Erzählt von Marianne Loibl
Illustriert von Anke Hennings-Huep

Luna, die kleine Wunschfee, flog über eine
Blumenwiese. Sie musste sich beeilen. Die
Abendsonne tauchte schon in dunkelgraue Wolken-
türme. Lunas Flügel surrten, so schnell sie konnten. Alles nur, weil
Luna sich verspätet hatte. Da erfasste Luna auch schon die erste Böe.

»Oje, bis zum Tiefwaldsee sind es noch 50 Surrimeter!«,
stöhnte Luna leise. Deshalb strengte sie sich an, noch schneller zu
fliegen. Doch der Sturm wurde stärker und wirbelte sie durch die
Luft wie ein Staubkorn.

Zum Glück fing ein Blütenkelch Luna auf. Die Blüte beugte
sich im Wind hin und her, und Luna tänzelte darin herum wie auf
einem Glockenspiel. Verzweifelt griff sie nach dem Blütenstängel
und fand endlich Halt.

Während Luna mit der Blüte im Wind schaukelte, ärgerte sie
sich über sich selbst. Erst ihre Trödelei hatte sie in die missliche
Lage gebracht. Dabei wusste sie, dass sie immer den direkten Weg
wählen sollte. Doch die Verlockung, auf der Blumenwiese ein Mit-
glied der Elfen-Musik-Band zu treffen, war so groß gewesen. Leider
fand Luna keine Elfen. Und nun verpasste sie, wenn sie Pech hatte,
sogar das Treffen der Wunschfeen am Tiefwaldsee.

»Hoffentlich hört das Gewackel bald auf!«, stieß Luna aus. Sie schleckte den Nektar von ihren Händen. Wenigstens ein süßer Trost. Luna seufzte voller Ungeduld.

Bald schaukelte es nicht mehr so wild. Ob sie mal nach draußen blicken sollte? Tatsächlich hatte der Regen etwas nachgelassen. Entschlossen flog Luna los.

Mit klopfendem Herz flog sie schneller und schneller. Da traf sie wieder ein Windstoß und schmetterte sie gegen einen Ast. Sie richtete sich langsam auf und tastete sich ab: Die Beuteltasche war noch da. Erleichtert streckte sich Luna. Da entdeckte sie die blutende Wunde an ihrem Knie. Erschrocken starrte sie auf ihr zartes Bein und hielt sich dann die Hand vor die Augen. Sie mochte doch kein Blut sehen! Und nun war sie alleine und hatte kein Pflaster dabei.

Aber wozu war sie eine Wunschfee! Mit geschlossenen Augen murmelte sie geheimnisvoll: »Janat janat mei, mein Wunsch erfüllet sei: Ein Pflaster schnell herbei!« – Kleine Sternchen stiebten und es rauschte sanft. Da lag auch schon ein Pflaster in Lunas Händen. Schnell klebte sie es auf die Wunde.

Erleichtert seufzte sie und sah, dass der Regen vorbei war. »Nun schaffe ich es doch noch zum Treffen am Tiefwaldsee. Das nächste Mal werde ich keinen Umweg über die Blumenwiese machen!«, sagte Luna.

Und als sie losflog, lugte schon die Sonne hinter den Wolken hervor.

# Wo sind die Nüsse?

Erzählt von Christin Schill
Illustriert von Anke Hennings-Huep

Hoch oben, in der Astgabel einer alten Eiche, lebt Familie
Eichinger. Der kalte Herbstwind rüttelt an den Zweigen und
fegt die letzten Blätter vom Baum. Familie Eichinger stört
das wenig. In ihrem großen Kobel ist es warm und kuschelig.
Die beiden Eichingerkinder, Valli und Vigo, spielen Karten.
Vater Eichinger hat es sich auf dem Sofa gemütlich gemacht und
liest. Draußen beginnt es zu regnen. Mutter Eichinger seufzt:
»Es hilft nichts, aber einer muss jetzt noch mal los. Wir haben
keine Nüsse mehr.«
Niemand reagiert. Bei dem Wetter will wirklich
keiner vor die Tür. »Ich mache ja sonst schon alles!
DU könntest ja auch mal was tun«, sagt Frau
Eichinger und blickt streng zu

ihrem Mann. Herr Eichinger tut so, als hätte er sie nicht gehört. »Jetzt tu nicht so, als hättest du mich nicht gehört!«, ruft Frau Eichinger. »Ist ja gut, ist ja gut. Ich geh ja schon«, brummt Herr Eichinger und steht langsam und laut ächzend auf. »Wo hast du die Nüsse denn?«, fragt er. »Wo ICH sie habe?!«, erwidert Frau Eichinger aufgebracht. »DU hast sie doch versteckt!«, schimpft sie mit ihrem Mann. »Aber DU wolltest dir doch merken, wo ICH sie versteckt hatte!«, meckert Herr Eichinger zurück. »Schließlich habe ich ja auch genug anderes um die Ohren!«

Die beiden Geschwister Valli und Vigo schauen sich an. Sie mögen es gar nicht, wenn ihre Eltern so streiten. Und es ist immer dasselbe. Keiner merkt sich, wo sie die Nüsse im Wald vergraben haben. Und dann gibt einer dem anderen die Schuld. »Also schön«, sagt Frau Eichinger, »dann gibt es eben heute nur Kiefernnadeln zum Abendbrot.« – »Igitt, nicht schon wieder nur Kiefernnadeln«, will Vigo gerade maulen. Aber Valli hält ihm den Mund zu. »Pssst«, flüstert sie. »Ich habe eine Idee. Komm mit!« Leise schleichen sie sich aus dem Kobel und klettern flink den Stamm hinunter. »Da drüben«, wispert Valli und deutet zum Haus auf der anderen Straßenseite. Die Küche dort drüben ist hell erleuchtet. Vigo und Valli sehen Plätzchenformen, Mehl, Butter, Eier und zwei große Tüten: Haselnüsse! Menschen sind in der Küche gerade keine zu sehen. Und zu ihrem großen Glück steht das Fenster auch noch auf Kipp. »Na los, mach schon«, sagt Valli und schubst Vigo Richtung Fenster. »Was denn, ICH?«, fragt Vigo zögernd. »Ja klar, DU, wer denn sonst?«, antwortet Valli. »Aber es war doch DEINE Idee ...«, erwidert Vigo. Seufzend krabbelt er durch den Fensterspalt hinein und wirft schnell eine Nuss nach draußen. Valli schüttelt mit dem Kopf und deutet auf die Tüten. »Was denn, alle?!«, fragt Vigo stumm. Valli nickt. Also schön. Flupp, flupp, flupp ... nacheinander wirft er die Nüsse zu seiner Schwester hinaus, die sie auf dem Fensterbrett draußen sammelt. Dann aber nichts wie weg. Einundzwanzigmal müssen sie über die Straße flitzen. Und wieder zurück. Weil ja jeder nur zwei Nüsse auf einmal tragen kann. Aber dann haben sie es geschafft. Stolz blicken sie auf den großen Haufen Nüsse direkt am Fuß der alten Eiche. Zweiundvierzig sind es. Nein stopp, vierzig. Denn zwei wollen sie gleich essen. Über dem Rest verteilen sie schnell viele Blätter und Zweige.

In Zukunft muss niemand von den Eichingers mehr raus in den nassen, dunklen Wald. Und dort lange suchen. Und schimpfen. Und meckern. »Das wird ein schöner, ruhiger Winter«, sagt Valli lächelnd. »Kein Streit mehr.« – »Oh ja«, denkt Vigo. »Und vor allem: keine Kiefernnadeln.«

# Eine gute Nacht für Teddy Knuffel

Erzählt von Barbara Rose
Illustriert von Miriam Cordes

Wenn Sophia schläft, dann rollt und wälzt, dann dreht und wendet sie sich in ihrem Kinderbettchen hin und her. So wild, dass am nächsten Morgen jedes Mal Kissen, Decke und ihr Lieblingskuscheltier, Teddy Knuffel, auf dem Boden liegen. »Armer Knuffel!«, flüstert Mama, als sie ins Zimmer kommt. Liebevoll streichelt sie dem Bären über den Strubbelkopf. »Musstest du wieder auf dem harten Boden schlafen?« Mama hebt den Teddy auf und trägt ihn zu Sophia ins Bett. Auch die weiche Decke fischt sie vom Boden, legt sie zu dem schlafenden Mädchen und zieht den Rollladen hoch. »Zeit zum Aufstehen. Guten Morgen, wilde Hummel. Du hast schon wieder deinen Bären aus dem Bett gestrampelt.« Mama gibt Sophia einen Guten-Morgen-Kuss. »Ich gehe schon mal in die Küche und mache Frühstück.«

Kaum ist Mama verschwunden, drückt Sophia ihren Teddy an sich und meint: »Was ist los? Du zitterst ja!« – »Mir ist so kalt.« Knuffel sieht sie mit seinen dunklen Knopfaugen an. »Jede Nacht falle ich aus dem Bett. Der Boden ist hart und kalt.«

»Tut mir leid, Knuffel. Ich passe besser auf dich auf, ja?« Einen Moment noch wackelt der kleine Teddy verärgert mit den Puschelohren, aber dann schmiegt er sich ins Sophias Arme. Als Sophia ihre Nase in Knuffels Fell vergräbt, muss sie heftig niesen. »Puh, mir ist auf einmal auch ganz kalt!« Als sie beim Frühstück sitzt, niest Sophia schon wieder. »Haatschi! Hatschi! Haaaaatschi!« Mama seufzt. »Kein Wunder. Wahrscheinlich hast du wieder die halbe Nacht ohne Decke geschlafen. Was mache ich nur mit dir, Mäuschen? Ich glaube, du brauchst einen Schlafsack!« – »Haatschi!« Sophia niest noch einmal, doch ihre Augen strahlen. »Au ja, gute Idee!« – »Dann los«, drängt Mama. »Schnell anziehen, wir fahren in die Stadt.«

Es dauert zwei Stunden, bis sie einen Schlafsack für Sophia gefunden haben. Hellblau, mit vielen Sternen und einem dicken, freundlichen Mond darauf. Innen ist er mit einem extrawarmen Stoff gefüttert. »Darf ich gleich heute damit schlafen?«, fragt Sophia. »Bitte, Mama.« Mama nickt und stopft den Schlafsack vor dem Zubettgehen noch schnell in die Waschmaschine. Zusammen mit Knuffel, der vom vielen Aus-dem-Bett-Fallen ganz schmutzig geworden ist. Nach der Wäsche müssen Teddy und Schlafsack in den Trockner. Dreiunddreißig Runden Karussellfahren. Jetzt dreht sich alles in Knuffels Kopf. Müde drückt er sich an Sophia. »Darf ich zu dir in den Schlafsack?«, murmelt er noch. Dann schläft Knuffel ein.

Als Mama am nächsten Morgen ins Zimmer kommt, schlummert Sophia gemütlich eingemummelt in ihrem Schlafsack im Bett.

Knuffel nicht. Der kleine Bär liegt schon wieder auf dem Boden. Auch in der folgenden Nacht und in den Nächten darauf geht das so. »Armer Kerl.« Mama rüttelt behutsam an Sophias Schulter. »Aufstehen, Mäuschen. Schau mal, schon wieder eine Nacht, die Knuffel auf dem Boden verbracht hat. Ich finde, so langsam sieht er ein bisschen motzig aus.« Sophia reibt sich die Augen. »Tut mir so leid, Knuffelchen. Bist du mir böse?« Der Teddy wartet einen Moment, bis Mama aus dem Zimmer verschwunden ist. »Immer ist mir kalt. Immer muss ich auf dem Boden liegen. Kannst du nichts dagegen machen?« Sophia überlegt. Sie kneift die Augen zusammen. Sie wackelt mit den Füßen. Sie legt den Zeigefinger an die Lippen. »Ich hab's!«, ruft sie schließlich und stürmt mit Knuffel zu Mama in die Küche.

Den halben Nachmittag verbringen die drei in der Stadt. Einen Spielzeugladen nach dem anderen klappern sie ab. Bis Sophia endlich das gefunden hat, was sie sucht. »Wie findest du es?«, flüstert sie Knuffel zu, als beide am Abend im Bett liegen. Der Teddy lächelt. »Bärenstark!« Stolz streicht er mit den Pfoten über den kleinen Schlafsack, den Sophia und Mama für ihn gekauft haben. Damit Knuffel auf keinen Fall mehr aus dem Bett fallen kann, hat Mama seinen Schlafsack mit einem Druckknopf an dem von Sophia befestigt. Gemütlich ist das. Weich und warm. Der schönste Bären-Schlafsack der Welt!

# Ritter Max und der kleine Drache

Erzählt von Marianne Loibl
Illustriert von Anke Hennings-Huep

Der kleine Ritter Max lebt auf Burg Zackenstein. Er liegt im Bett und versucht zu schlafen. So eine Burg ist geheimnisvoll bei Dunkelheit, aber Max hat keine Angst. Nur das Gewitter mit Blitz und Donner müsste jetzt nicht sein. Max zieht die Decke über sein Gesicht. Plötzlich hört er ein schaurig-trauriges Geheule.

»Da weint doch jemand«, murmelt Max und lauscht angestrengt. Oh ja, da tönt ein jämmerliches Klagen. Mit zitternden Knien schleicht Max durch die Burg. Am Burghof lugt Max durch ein kleines Fenster nach draußen. Sein Herz pocht laut.

Das gibt es doch nicht! Er reibt sich die Augen. Dann guckt er noch mal. Tatsächlich – da planscht ein kleiner Drache im Burggraben! Obwohl Max schon die wildesten Geschichten über Drachen gehört hat, schleicht er mutig durch das Tor nach draußen.

»Was machst du denn hier?«, fragt er den Drachen. Er staunt über die schönen Augen des Drachen und die glitzernden Schuppen, die in grünen Farbtönen leuchten.

»Bitte tu mir nichts!«, ruft der Drache. »Ich habe beim Fliegen meine Mama verloren. Und schwimmen kann ich auch nicht!« Max

lacht. »Dann steh doch einfach auf. Der Graben ist nicht tief!«
Der Drache guckt Max an, dann erhebt er sich – und steht nur bis
zum Bauch im Wasser. »Oh!«, sagt der Drache und schüttelt die
nassen Flügel. »Hey, du machst mich ganz nass!«, ruft Max. »Wie
heißt du denn? Ich bin Max.«

»Ich heiße Dropolus. Wenn ich nur wüsste, wie ich wieder nach
Hause finde. Meine Mama sucht mich bestimmt schon.« Mit hän-
genden Ohren und Drachenflügeln setzt er sich wieder ins Wasser.

»Komm erst mal mit in die Burg, bis es wieder hell wird«,
schlägt Max vor. »Ich weiß nicht. Sind Menschen nicht gefährlich?«,
fragt Dropolus. »Du brauchst keine Angst vor uns zu haben«, sagt
Max. Gemeinsam schleichen sie leise durch das große Tor auf den
Hof von Burg Zackenstein. Der Wächter auf der Mauer hat sie nicht
bemerkt.

Auf einmal muss Dropolus niesen. »Hatschi!« Dabei entschlüpft
seinem Drachenrachen ein kleiner Feuerstrahl.

»Du solltest besser nicht niesen, solange du hier auf der Burg rastest«, bittet Max. »Entschuldige«, murmelt Dropolus. Max schaut sich seinen Gast an, überlegt und entscheidet, dass es wegen der Feuergefahr wohl klüger ist, Dropolus nicht mit in seine Kammer zu nehmen. Gemeinsam machen sie es sich in einer Ecke des Burghofs gemütlich. Max interessiert sich sehr für das Leben eines Drachen und hat viele Fragen an Dropolus.

Auf einmal rauscht es über ihnen wie bei einem starken Sturm. Ein großer Schatten verdunkelt den Burghof. »Mama!«, ruft Dropolus. »Da ist meine Mama!« Dropolus springt auf und läuft aufgeregt winkend umher.

»Siehst du, sie hat dich gefunden«. Max freut sich und fügt schnell hinzu: »Ich glaube, es ist besser, wenn sie außerhalb der Burg landet. Wenn ein so großer Drache wie deine Mutter nämlich mal niesen muss, dann ...«

»Meine Mama ist nicht böse«, unterbricht ihn Dropolus. »Sie ist die liebste Drachenmama auf der ganzen Welt!« Max nickt zustimmend. Und tatsächlich ist die Drachenmama inzwischen weitergerauscht und draußen direkt vor dem Burgtor gelandet. Max geleitet Dropolus zu ihr hinaus.

Max winkt dem kleinen Drachen noch zum Abschied und denkt bei sich: »Ich hätte Dropolus noch sagen können, dass er mich gerne jederzeit auf der Burg besuchen kann. Aber vielleicht kommt er ja auch von sich aus mal wieder vorbei.«

# Knulliwull kann nicht schlafen

Erzählt von Marianne Loibl

Illustriert von Anke Hennings-Huep

»Puh«, stöhnt das kleine Knulliwull Wanda und dreht sich unter der Decke. Sie kann nicht einschlafen. Durch die Ritzen in der Holzleiste schimmert Licht. Jenseits der Holzleiste leben Menschen, die bei allem, was sie den ganzen Tag so anstellen, feinen Staub hinterlassen. Den versuchen die Menschen immer wieder zu entfernen. Dafür verwenden sie komische, saugende Ungetüme oder Eimer voller Blubberblasenwasser. Anscheinend wissen die Menschen gar nicht, wie lecker Staub für Knulliwulls schmeckt. Aus ihm können sie Essen zubereiten und aus besonders dickem Staub entstehen warme Kuscheldecken und sogar Knulliwull-Möbel.

»Apuh puh!«, stöhnt Wanda und zählt ihre Kuscheltiere durch, die am Fußende des Bettes sitzen. »Eins, zwei, drei und ... Knuffl? Wo bist du?« Das liebste Kuscheltier Knuffl, eine Art Knulliwull-Baby, ist weg! Wanda hebt das Kissen hoch. Nichts! Sie dreht sich und strampelt die Decke weg, schaut unters Bett. Da! Zum Glück ist Knuffl noch hier. Plötzlich hört sie ein Geräusch. Regungslos liegt sie da und starrt in die Dämmerung.

Ein Pochen oder Klopfen irgendwo im Nirgendwo. Aber wo? Wanda zappelt sich hoch. Lauscht in die Dunkelheit. Ganz deutlich ist das Geräusch zu hören.

»Papi!«, ruft Wanda, so laut sie kann. »Paaaapiii!« Es dauert nicht lange, und der Knulliwull-Papa kommt angerannt.

»Was ist los, mein Kleines?«, fragte er besorgt. Er trägt sein Nachtlicht bei sich, das er einem Glühwürmchen abgekauft hat. »Da ... da sind so komische Geräusche«, wispert Wanda. »Welche denn?« Papa leuchtet die Ecken aus. »Wir haben doch beim Zubettgehen wie jeden Abend überall und besonders unter deinem Bett nach Monstern gesucht.« Er lächelt seine Tochter an. »Wollen wir nochmals nachsehen?« Wanda nickt. Als sie gemeinsam unters Bett gucken, liegen da nur kleine Staub-Knullis zum Spielen. Aber kein einziges Monster.

»Es hörte sich an wie ein Klopfen«, beschreibt Wanda. »Hör doch mal!« Da setzt sich der Knulliwull-Papa ans Bett und lauscht. Dann sagt er: »In unserer ganzen Kuschelhöhle ist niemand, der da nicht hingehört. Vielleicht hast du meine Werkzeuge gehört, ich baue Möbel.«

»Puh!«, stöhnt Wanda, als sie wieder alleine ist.

Da hört sie es wieder: Da dong. Da dong. Da dong.

Es wird immer lauter. Da **dong**. **Da dong**.

Wanda zieht sich die Decke über den Kopf. Aber unter der

Decke ist es noch deutlicher zu hören! Wanda schiebt die Decke zurück. Dann schnappt sie nach Luft.

»Mama! Papa!«, ruft sie. – »Kleines, was hast du nun schon wieder?«, fragen Mama und Papa, die mit dem Nachtlicht schnell herbeigeeilt sind.

»Es klopft und pocht ...« Wandas Stimme zittert vor Aufregung. »... und ich habe vergessen zu sagen, wie lieb ich euch habe.« – »Oh, liebe Wanda!« Mama Knulliwull setzt sich ans Bett, drückt Wanda und gibt ihr einen zärtlichen Kuss. »Und wir lieben dich wie sonst nichts auf der ganzen Welt und im ganzen Universum. Das Pochen ist nur dein eigener Herzschlag. Du musst dir deshalb keine Sorgen machen. Ich koche dir noch einen Knulliwull-Tee und dann schläfst du bestimmt gleich ein!«

»Hmm, ja«, murmelt Wanda müde.

Und als Mama mit dem Tee zurückkommt, schläft Wanda schon tief und fest.

# Wenn Farben sich streiten

Erzählt von Christin Schill
Illustriert von Anke Hennings-Huep

Es ist mal wieder Abholzeit im Kindergarten. Alle Kinder haben sich schon angezogen. Nur Anton braucht heute besonder lange. Gaaanz langsam zieht er sich die Jacke an. Und dann noch laangsaaamer erst den linken Schuh und dann den rechten. Heute haben sie den ganzen Vormittag gemalt und alle Kinder dürfen ihr Bild gleich mitnehmen.

»Ich schenke meins Oma!«, ruft Lilly begeistert. »Und ich meins meiner Schwester. Die hat morgen Geburtstag«, ruft Lotti zurück. Anton hat sein Bild liegen lassen. Mit Absicht. »Hier, dein Bild, Anton«, ruft Frau Brandt und bringt es ihm hinterher. Zögernd nimmt Anton es entgegen. Er schaut auf das Bild und rollt es zusammen. Dann holt er seine Tasche und setzt sich auf die Bank. Die anderen Kinder sind alle schon weg. Da endlich kommt Mama.

Anton spricht heute wenig auf dem Weg nach Hause. Die ganze Fahrt über sagt er kein Wort. Zu Hause verstaut Mama seine Jacke und die Tasche. Das Bild gibt Anton die ganze Zeit über nicht aus der Hand. Nicht mal beim Schuheausziehen, was echt schwierig ist. Mama schaut ihn verwundert an. »Was hast du denn da?«, fragt sie.

»Och, nichts«, nuschelt Anton.

»Ach so«, sagt Mama. Dann sagt sie erst mal nichts mehr. Das Bild legt er in die Ecke neben der Treppe. Anton wäscht sich die Hände und geht zum Tisch. Auch beim Mittagessen ist Anton stiller als sonst. Mama mustert ihn. »Zeigst du mir nachher mal dein Bild?«, fragt sie. Anton seufzt und stochert im Essen herum. Spaghetti – eigentlich sein Lieblingsessen. Mama schaut ihn fragend an. Ganz langsam steht er auf und holt sein Bild. Dann rollt er es auf. Es ist ganz schwarz.

»Wow!«, sagt Mama. Mehr sagt Mama nicht. Anton schaut sie verunsichert an. »Das ist doch toll«, sagt Mama.

»Na ja«, sagt Anton, »weißt du, das kam ja alles nur, weil sich die Farben gestritten haben.« Mama nickt verständnisvoll. »Zuerst hatte ich das Grün auf dem Pinsel, weil ich den Baum malen wollte«, erklärt Anton. »Und dann wollte ich den Himmel blau malen. Aber da war das Grün irgendwie sauer und hat sich mit dem Blau gestritten.«

»Aha«, sagt Mama und nickt wieder.

Anton erzählt weiter: »Dann wollte ich das Rosa nehmen, aber das war so zickig, da habe ich doch lieber das Rot genommen. Aber das Rot hat sich auch nicht mit dem Blau vertragen.« Anton schluckt. »Und am Ende haben sich alle so doll gestritten, dass das Schwarz kommen musste.«

»Das Schwarz da«, sagt Mama und deutet auf das Bild.

Anton nickt. »Vor dem Schwarz haben nämlich alle Angst. Das Schwarz ist stark. Es hat gesagt, Schluss jetzt! Und dann hat es einfach alle anderen Farben übermalt.«

Mama schaut konzentriert auf das Bild. »Aber das Bild ist toll«, sagt sie. Anton schaut zweifelnd. Erst auf Mama, dann auf das Bild. »Nein, wirklich«, sagt Mama. »Ich finde, es sieht genauso aus wie zum Beispiel unser Haus bei Nacht!«, ruft sie begeistert.

»Hm, na ja, irgendwie schon ein bisschen«, überlegt Anton.

»Sieh mal«, sagt Mama. »Hier kann man sogar den Baum erahnen in der Dunkelheit. Und wenn man gut genug hinschaut, erkennt man noch das rote Dach. Aber es ist ja schließlich auch schon ganz finstere Nacht. Ich finde, das hast du richtig gut gemalt.«

Anton lächelt. »Meinst du, Papa freut sich, wenn ich es ihm schenke?«

»Ganz bestimmt sogar«, sagt Mama. »Ein Bild von unserem Haus bei Nacht – das ist wirklich etwas Besonderes.« Mama streicht das Bild vorsichtig glatt. Anton ist ein klitzekleines bisschen stolz.

»Vielleicht male ich morgen noch ein Bild von unserem Haus«, überlegt er. »Diesmal bei Tag. Aber nur, wenn sich die Farben nicht wieder streiten.«

# Träum schön, kleiner Mondjunge!

Erzählt von Barbara Rose
Illustriert von Miriam Cordes

Bibbernd und mit angezogenen Beinen liegt Luno, der kleine Mondjunge, auf dem Boden in seinem Kinderzimmer und drückt sein kuscheliges Sternenkissen eng an sich. Die Bettdecke aus flauschigen Wolkenstreifen hat er sich über den Kopf gezogen. Nur die kleinen mondgelben Fühler lugen darunter hervor. »Luno, was ist mit dir?« Mama kommt ins Zimmer und zieht vorsichtig die Decke weg. »Ab mit dir auf deinen Raketensessel! Es ist längst Schlafenszeit!« Auf dem Mond schlafen die Kinder nämlich im Sitzen, nicht im Liegen. Aber Luno steckt seinen Kopf unter der Decke hervor und schüttelt den Kopf. »Ich will nicht, ich kann sowieso nicht einschlafen«, murmelt er. »Ich habe Angst!« – »Soll ich dir noch etwas zu trinken bringen? Papa war vorhin erst auf der Milchstraße unterwegs und hat ein paar Mondkühe gemolken.« »Nutzt auch nichts.« Luno krabbelt unter den Sessel und schmiegt sich in seine warme Decke. »Luno«, schimpft Mama. »Komm raus! So kann kein Mondkind schlafen. Geh sofort auf deinen Sessel!« Aber Luno will nicht.

57

Er bleibt unter dem Sessel mit seiner Decke und rührt sich keinen Millimeter.

»Was ist denn hier los?« Papa ist ins Zimmer spaziert. Als Mama unter den Sessel deutet, geht er in die Hocke und sieht Luno in die Augen. »Papa, du musst mir helfen. Ich habe Angst!«, flüstert Luno. »In meinem Zimmer ist es immer so dunkel. Der Schreibtisch sieht aus wie ein böser schwarzer Roboter. Der Stuhl ist ein Marsmännchen, das mich gleich fressen will. Und das Brummen von deinem Computer im Zimmer nebenan klingt so, als würde gleich ein Raumschiff landen und mich mitnehmen.« – »Ach!« Papa wackelt vergnügt mit seinen großen Mondmännchen-Fühlern. »Das kenne ich. So ging es mir früher auch. Ich habe mich vor dem Einschlafen genauso gefürchtet wie du.« – »Wirklich?« Luno streckt seinen Kopf unter dem Sessel hervor. »Und was hast du dann gemacht?« – »Wirst du gleich sehen, mein Junge. Warte, ich habe eine Überraschung! Ich muss nur noch mal kurz weg.« Papa huscht aus dem Zimmer. Sekunden später hört Luno, wie er seine Rakete zündet. Die Antriebszeit dauert nur wenige Minuten. Es zischt, donnert und knallt, dann beschleunigt die Rakete mit Überschallgeschwindigkeit unter dem Schub ihrer Triebwerke. Eine Wolke Verbrennungsgase wabert durchs Zimmer. »Wo fliegt er denn jetzt noch hin?« Luno streckt den Kopf aus seinem Versteck und sieht Mama fragend an. »Es ist doch schon spät.«

»Keine Ahnung.« Mama gähnt. »Der Mann ist weg, das Kind versteckt sich unterm Schlafsessel. Also meinen Feierabend habe ich mir anders vorgestellt.« Luno sieht seine müde Mama mitleidig an. Eine Weile bleibt er noch im Sicheren. Dann nimmt er seinen ganzen Mut zusammen und krabbelt hinaus. Er kuschelt sich in sein Sternenkissen und starrt an die Decke. Er nimmt noch einen Schluck von der Milchstraße. Er zählt Sterne und Monde und Planeten. Mama ist längst eingeschlummert. Auf Lunos Schlafsessel!

Dann kommt endlich Papa zurück. Mit einem harten Rumms setzt seine Rakete hinterm Haus auf. Luno kann die Erschütterung spüren. Aufgeregt starrt er auf die Tür des Kinderzimmers, als Papa eintritt. Hinter seinem Rücken hält er etwas, das wunderschön leuchtet. Als Papa direkt vor Luno steht, holt er das Leuchteding nach vorne und öffnet die Hände. Ein kleiner Stern fliegt heraus, schwebt langsam zur Zimmerdecke und bleibt dort hängen. Jetzt ist das Zimmer von Luno nicht mehr dunkel und schwarz, sondern in ein zartes warmes Licht gehüllt. Luno strahlt. »Oh, so etwas Schönes habe ich noch nie gesehen!« – »Das ist dein Nachtstern«, flüstert Papa. »So einen hat mein Papa auch für mich vom Himmel geholt.« Vorsichtig hebt Papa Lunos schlafende Mama aus dem Sessel und gibt seinem Sohn noch einen Gute-Nacht-Stups mit seinen Fühlern. »Jetzt sieht dein Zimmer mit allen Sachen darin auch in der Nacht freundlich aus. Du kannst ganz beruhigt ins Land der Träume reisen. Gute Nacht, mein kleiner Mondjunge!«

# Ein Stern für den Maulwurf

Erzählt von Christian Tielmann
Illustriert von Stephan Pricken

»Da, ein Stern! Ein echter Komet!«, freute sich der kleine Maulwurf mit den schlechten Augen. Wie jeden Abend saß er auf seinem Hügel und blickte in den Himmel auf der Suche nach Sternen. »Hihihi! Hahaha! Hohoho!«, lachten ihn die Glühwürmchen aus. »Du bist ja blind wie ein Blindfisch! Wir sind keine Sterne und keine Kometen! Wir sind doch nur Glühwürmchen.«

Da seufzte der Maulwurf tief und lang. Schon wieder waren es die Glühwürmchen und kein Stern. Dabei wünschte sich der Maulwurf so sehr, endlich die Sterne zu sehen, von denen er schon so viel gehört hatte. Sie funkelten in der Nacht, das hatte die Eule gesagt. Und es waren mehr, als man zählen konnte, das hatte die Katze verraten. Alle schienen die Sterne zu kennen. Nur der Maulwurf nicht. Der sah immer nur diese doofen Glühwürmchen, die sich über ihn lustig machten.

Aber eines Nachts, als der Maulwurf mal wieder auf seinem Lieblingsmaulwurfshügel lag und in den Himmel sah und die Glühwürmchen ihn ärgerten, da zischte eine Sternschnuppe tief und tiefer auf die Erde. »He, Achtung! Was ist das? Was soll das?«, riefen die Glühwürmchen. »Na, was soll schon sein? Ich bin 'ne Sternschnuppe, was denkt denn ihr?« – »Was? Du bist eine Sternschnuppe? Aber Sternschnuppen fliegen nicht bis auf die Erde!« – »Ist mir doch schnuppe!«, sagte die Sternschnuppe und funkelte stolz mit ihrem Schweif.

Die Sternschnuppe war jetzt so tief, dass auch der Maulwurf auf seinem kleinen Hügel sie erkennen konnte. Endlich! Er sprang vor Begeisterung herum und jubelte: »Ich habe einen Stern gesehen! Ich habe einen echten Stern gesehen!« – »Willst du noch mehr sehen?«, fragte die Schnuppe. »Dann schwing dich rauf! Ich kann dir jede Menge Sterne zeigen.«

Das ließ sich der Maulwurf nicht zweimal sagen. Er schwang sich auf den Rücken der Sternschnuppe und dann flogen sie in den Himmel. Die Erde wurde kleiner, der Mond wurde größer. Die Sternschnuppe flog um den Mond herum und immer weiter ins All, bis sogar der Maulwurf die Sterne sah. »Toll!«, sagte der Maulwurf. »Wie das glitzert. Wie das funkelt. Es sind wirklich mehr als hundert!« – »Viel, viel mehr!«, sagte die Sternschnuppe und kicherte.

Die Glühwürmchen fanden das überhaupt nicht witzig. Sie fanden das alles eine Frechheit. Als die Sternschnuppe und der Maulwurf wieder auf dem Maulwurfshügel landeten, schimpften sie: »Aber Maulwürfe können nicht fliegen. Und schon gar nicht auf einer Sternschnuppe reiten!« – »Ist mir doch schnuppe!«, sagte der Maulwurf mutig.

Die Sternschnuppe verschwand wieder im Himmel und der Maulwurf winkte ihr so lange nach, wie er sie sehen konnte. Lang war das natürlich nicht, weil der Maulwurf so schlechte Augen hatte.

Trotzdem nett von ihm, fand die Sternschnuppe.

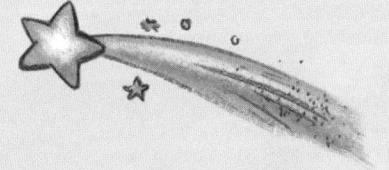

# Das Hexenbuch

## Erzählt von Marianne Loibl
## Illustriert von Anke Hennings-Huep

Die Schulglocke läutet. »Lernt fleißig eure Hexensprüche, die ihr in euer Buch geschrieben habt!«, sagt die Lehrerin Frau Regenwolke. Josefine greift in die Schultasche ... Doch was ist das? Verflixt und verhext! Das Hexenbuch ist weg!

Sie sucht alles durch, aber das Hexenbuch ist unauffindbar! Josefine schleicht nach Hause.

»Wie war es in der Schule?«, fragt Mama. »Geht so«, murmelt Josefine und stochert im Gemüse. Der Hunger ist ihr gründlich vergangen. Josefine sucht zwei Stunden in ihrem Zimmer. Da liegt viel herum. Aber leider kein Hexenbuch. Vielleicht weiß Theo einen Rat. Er besucht schon die dritte Klasse der Zauberschüler.

»Kein Problem!«, sagt Theo und lacht. »Seit wann fehlt das Buch?« Josefine denkt nach. »Ich glaube, seit ich das Weghexen geübt habe.«

»Kann es sein, dass du aus Versehen das Buch weggehext hast?«, fragt Theo. »Ich schaue mal im INTERHEX nach. Dort steht bestimmt, wie man Weghexsprüche zurückhext.« Josefine macht große Augen. »Meinst du, das klappt?« Schon sitzen Josefine und Theo vor Theos Zauberkugel. Theo gibt sein Geheimwort ein. Es blinkt und summt, dann dauert es. Theo trommelt mit den

Fingerspitzen. Josefine seufzt. »Dauert das immer so lange?«, fragt sie zaghaft.

»Eigentlich nicht«, meint Theo. »Vielleicht nutzen einfach gerade zu viele gleichzeitig das INTERHEX.« Es blinkt und summt. Dann steht auf der Zauberkugel zu lesen:

KEIN ZUGANG ZUM INTERHEX.

In Josefines Augen drücken Tränen. »Ich brauche das Hexenbuch dringend. Ich muss doch lernen.« – »Kein Problem!«, meint Theo. »Wir gehen in die Schule. Dort gibt es noch andere Zauberkugeln.«

Als sie in die Schule kommen, fährt gerade ein Auto auf den Hof.

»P. C. Friek« steht in dicken Lettern auf dem Fahrzeug. Da hören sie Frau Direktorin Schiefzahn rufen. »Seitdem unsere Zauberkugeln kaputt sind, missglücken all unsere Hexensprüche!«, jammert sie.

»Das hört sich ja gar nicht gut an!«, meint Herr Friek. Dann setzt er sich an die große Hauptzauberkugel im Lehrerzimmer. Zusammen mit den anderen Schülern, die heute in der Schule üben wollten, stehen Josefine und Theo nun um die große Hauptzauberkugel herum. Da tritt Josefine aus Versehen gegen das Gehäuse der großen Kugel und plötzlich löst sich eine Abdeckung.

Josefine staunt. Sie hat noch nie eine Zauberkugel von innen gesehen.

»Aber was ist das?«, kiekst Frau Schiefzahn.

»Aber was ist das?«, ruft Herr Friek.

»Ein dicker Wurm!«, stellt Theo fest. »Wie kommt der denn da rein?«

»Ist der süß!«, sagt Josefine.

»Finger weg!«, mahnt Herr Friek. »Dachte ich es mir doch gleich. Ein fieser Wurm hat die Zauberkugel befallen!«

»Bestimmt finde ich im Schulgarten einen Platz für ihn«, sagt Josefine.

Und gerade als sie den Wurm in einen Haselnussstrauch setzt, fällt ihr ein, dass sie gestern im Baumhaus war, wo sie mit dem Hexenbuch ihre Hexensprüche gelernt hat. Erleichtert sieht sie Theo an. »Danke, wir brauchen das INTERHEX nicht mehr. Ich weiß jetzt, wo mein Buch liegt«, lacht sie und fällt Theo um den Hals.

# Flüsterpost

### Erzählt von Marianne Loibl
### Illustriert von Anke Hennings-Huep

Als Marie aufwachte, war etwas anders als sonst. Dieses Etwas saß mitten im Hals und tat weh. Marie wollte ihren Eltern »Guten Morgen!« wünschen, doch es schlich nur ein erbärmliches Krächzen heraus!

»Hast du Halsweh?«, fragte Mama besorgt. Marie nickte.

»Ich mache dir heiße Milch mit Honig, das hilft dir bestimmt«, sagte Mama und holte Milch aus dem Kühlschrank. »Kann ich … Samstag … wieder laut …?«, krächzte Marie. »Hoffentlich!«, seufzte Mama.

Samstag war nämlich ein ganz wichtiger Tag, denn da heiratete Mamas Schwester Elisabeth. Marie durfte Blumenmädchen sein und in der Kirche eine Fürbitte für das Brautpaar vortragen. Doch wie sollte sie laut sprechen?

»Bis zur Hochzeit vergehen noch zwei Tage«, ermunterte Papa sie. Das blaue Tüllkleid, das sie zur Hochzeit tragen sollte, hing schon bereit. Dazu bekam sie einen Blumenkranz und ein wunderschönes blaues Halstuch.

Aber was Mama und Marie auch immer versuchten, die Stimme blieb weg: Gurgeln, warme Halswickel, heiße Zitrone, Kräuterbonbon und Honig – nichts half!

Und dann war es so weit: Samstag, der Tag der Hochzeit. Als Marie die Augen aufschlug, waren die Halsschmerzen verschwunden! Voller Freude hüpfte sie aus dem Bett und lief in die Küche.

Doch als sie »Guten Morgen!« rufen wollte, entschlüpfte ihrer Kehle nicht einmal ein leises Krächzen! Marie fing an zu weinen. Mama nahm sie liebevoll in den Arm. »Immerhin hast du kein Fieber. Jetzt machen wir dich hübsch, und wegen der Fürbitte – da fällt uns bestimmt noch etwas ein!«, flüsterte Mama ihr ins Ohr.

Da hatte Marie plötzlich eine Idee: Flüsterpost!

»Du meinst, du flüsterst deine Fürbitte einfach der Braut und dem Bräutigam ins Ohr? – Ja, das probieren wir!«, sagte Mama begeistert.

Der Bräutigam strahlte, als er die hübsche Braut in die Kirche führte. Mit klopfendem Herzen schritt Marie als Blumenmädchen vorweg, zusammen mit ihrer älteren Cousine Emma.

Als es an der Zeit war, die Fürbitten vorzutragen, war Marie ganz zappelig. Alle Gäste staunten, als Marie zum Brautpaar lief und ihnen etwas ins Ohr flüsterte. Aber dann standen Elisabeth und ihr Bräutigam Lukas auf. Jeder ging zu einer Bankreihe und flüsterte dort dem ersten Gast etwas ins Ohr! Dieser Gast flüsterte dem nächsten Gast etwas ins Ohr und der wiederum seinem Nachbarn. Und so ging es Reihe für Reihe.

Es dauerte gar nicht lange und in der letzten Reihe stand Großonkel Max auf. Er ging zum Mikrofon. »Maries Fürbitte lautet: Lass die Liebe des Brautpaars wachsen und mögen viele Kinderstimmen ihr Haus erhellen!«

Die Gäste klatschten Beifall. Maries Wangen glühten vor Stolz. So schön hatte sie sich die Flüsterpost nicht vorgestellt.

Am Nachmittag winkte das Brautpaar Marie zu sich heran. Elisabeth schenkte ihr eine kleine Kuschel-Giraffe. »Hier, die ist für dich. Und vielen Dank für deine schöne Flüster-Fürbitte«, sagte Lukas. »Oh, ist die süß!«, krächzte Marie.

»Deine Stimme ist ja wieder da«, freute sich Elisabeth. Marie drückte die kleine Giraffe und wickelte ihr als Erstes ihr blaues Tuch als Schal um den langen Hals.

# Oskar und die Gespensterprüfung

Erzählt von Marianne Loibl
Illustriert von Anke Hennings-Huep

Oskar ist aufgeregt. Heute Nacht soll er die Gespensterprüfung ablegen. In Oskars Bauch kribbelt es. »Ausgerechnet im dunklen Nordturm soll ich kettenrasseln. Und
wieso soll ich dazu noch Kinder erschrecken? Ich würde lieber mal
mit einem Kind spielen. Fußball zum Beispiel!«, brummt er und
tritt wütend gegen eine rostige Ritterrüstung.

Pünktlich um Mitternacht erscheint Papa mit Herrn Schlotter.
Herr Schlotter ist Oberlehrer in der Gespensterschule. »Wir werden
beobachten, ob du die Lektionen gelernt hast. Gespensterlektion
Nummer eins: Kettenrasseln. Gespensterlektion Nummer zwei:
Kinder erschrecken.« Herr Schlotter guckt sehr streng. Papa über-
reicht Oskar eine Rasselkette. Die Kette ist sehr schwer und sehr
rostig!

Gespensterseelenallein schwebt Oskar zum Nordturm. Die Tür
knarrt schaurig. Drinnen ist es dunkel, sehr dunkel! Und sehr kalt.

»Ha... hallo ...«, ruft Oskar kläglich. »Ist da jemand?« Oskar
nimmt all seinen Mut zusammen. »Huuhu hui dibui!«, ruft er laut
und rasselt dazu andauernd mit der Kette.

»Hast du das gehört?«, flüstert Florian.

»Nein, was denn?«, fragt Leo.

Beide liegen in einem Zelt vor der Burg. Es ist die erste Nacht einer Ferien-Abenteuerwoche. »Na, das Geheule da draußen«, fährt Florian fort. »Das hörte sich an wie von einem Gespenst.« – »Nein«, murmelt Leo. »Aber ich könnte schwören, da war eben etwas Weißes oben auf dem Turm der Burg.«

»Komm, lass uns hingehen und mal nachsehen«, sagt Florian. Gemeinsam schlüpfen sie leise aus dem Zelt.

Inzwischen ist Oskar schon ganz außer Atem. Dieses Kettenrasseln ist so altmodisch, denkt er. Kein Kind hat heute vor so etwas noch Angst. Kein modernes Gespenst macht unnötig Krach. In einer dunklen, modrigen Ecke macht er kurz Pause, legt die schwere Kette auf den Boden und wischt sich ein paar Schweißtropfen fort. Und dann ist es so weit für Lektion Nummer zwei: Oskar muss ein Kind erschrecken. Es gruselt ihn davor. Aber Prüfung ist nun mal Prüfung.

Oskar hört die Kinder vom Burghof zu ihm heraufkommen. Seine Arme zittern vor Angst, als sie sich ihm nähern. Oskar ruft noch einmal: »Hui dibui!« Und fast verliert er dabei die schwere Rasselkette.

»Hast du das gehört?«, fragt Leo erschrocken. »Das war bestimmt ein Gespenst!«

»Es gibt keine doofen Gespenster!«, ruft Florian laut. Laut sein ist gut gegen Angst.

»Ich bin nicht doof und Gespenster gibt es sehr wohl!«, brummt Oskar sauer.

»Los, lass uns abhauen!«, ruft Florian.

»Aua!«, schreit Leo plötzlich. Er ist mit seinem rechten Fuß gegen die Kette getreten und umgeknickt. »Aua! Hilfe!«

»Ich hole Hilfe!«, ruft Florian. Schon ist er weg! Leo ist jetzt ganz alleine! Vor Wut und Schmerz heult er los.

Da horcht Oskar auf und schwebt vorsichtig näher. Was für ein schauriges Geheul der Junge von sich gibt!

Plötzlich fühlt Leo etwas Kühles neben sich. »Hilfe! Ein Gespenst!«, brüllt er.

»Hilfe, ein Kind!«, schreit Oskar.

»Bitte tu mir nichts!«, rufen beide gleichzeitig. Dann müssen Leo und Oskar lachen.

»Du bist ja ein echtes Gespenst. Und gar nicht gruselig!« Leo ist erleichtert.

»Und Kinder sind auch gar nicht so furchtbar, wie immer behauptet wird«, seufzt Oskar. »Komm doch morgen wieder und bring auch deinen Freund mit. Und einen Ball. Könnt ihr Fußball spielen? Ich würde so gerne mal Fußball spielen.«

»Versprochen!«, sagt Leo und humpelt davon.

Kurz darauf soll Oskar zu Papa und Herrn Schlotter auf den Burghof kommen. »Im Kinder-Erschrecken warst du besonders gut!«, lobt Herr Schlotter. »Das eine Kind schrie vor Angst und das andere lief gleich weg. Deshalb hast du die Gespensterprüfung bestanden, ich gratuliere dir!«

Oskar schaut überrascht erst Herrn Schlotter an und dann seinen Vater. Und dann beschließt er, beiden besser nichts von seinen neuen Freunden zu erzählen. Hauptsache: Prüfung bestanden.

# Sandmännchens Sternenstaub

Erzählt von Julia Breitenöder
Illustriert von Marion Elitez

Stjarni klopft seine Bürste aus. Silberner Staub wirbelt hoch und kitzelt ihn in der Nase. Puh! Jetzt nur nicht niesen! Er zieht eine Grimasse. Das Kitzeln wird schwächer. Estrella, seine weiße Einhornstute, schnaubt, als würde sie über ihn lachen. Stjarni findet das nicht witzig. Ein Niesen zur falschen Zeit kann seine ganze Arbeit zunichtemachen! Er guckt zu dem großen Sack, in dem er und seine Freunde den Sternenstaub für den Sandmann sammeln, den sie aus dem Fell ihrer Sterneneinhörner bürsten. Wenn der Sack umkippt, hat der Sandmann keinen Sternenstaub. Und ohne Sternenstaub gibt es auf der Erde keine Träume.

Wieder schnaubt Estrella. Zum Glück nicht in den Sack. »Sei vorsichtig«, flüstert Stjarni und kämmt die lange Einhornmähne. Gleich ist der Sack voll. Ein wenig Staub kratzt Stjarni noch aus den Hufen seiner Stute. Vorsichtig lässt er die silbernen Körnchen auf den Berg rieseln. Plötzlich taucht neben ihm eine weiße Nase auf. Bevor Stjarni es verhindern kann, schnaubt Estrella einmal kräftig in den Sternenstaub. Eine silberne Wolke steigt auf und Stjarnis Nase beginnt erneut wie verrückt zu kribbeln. »Stopp! Das ... haaa... das ist kein ... Schpie-Schpiie-haaaatschiiii!«, niest er mitten in den Sack. Eine silberne Staubfontäne schießt hoch, weit über ihre Köpfe. »Oh nein«, schnieft Stjarni. Estrella beobachtet interessiert, wie der aufgewirbelte Silberstaub hoch oben eine Wolke formt. Die anderen Sternenjungen laufen los, um die Sternenstaubsauger zu holen, aber trotz der langen Schläuche erreichen sie die Wolke nicht mehr. Sie schwebt davon. Sternenjungen und Einhörner sehen ihr nach. Stjarni überlegt fieberhaft. Er hat den Staub aufgewirbelt, er muss ihn auch wieder einfangen. Nur wie? Schließlich greift er nach einem Staubsauger und schwingt sich auf Estrellas Rücken. »Los! Du hast deinen Spaß gehabt, jetzt musst du mir helfen!«

Mit weiten Sprüngen nimmt Estrella die Verfolgung der Wolke auf. Alle Sternenjungen jagen auf ihren Einhörnern dem flüchtigen Sternenstaub hinterher. »Vielleicht können wir ihn zurückpusten und wieder in den Sack stecken«, ruft Mio. Stjarni schüttelt den Kopf. Die Wolke ist zu weit weg – und sie schwebt genau auf die Erde zu! Die Sternenjungen sehen, wie der Sternenstaub auf eine kleine Stadt niedergeht. Die Wolke steht kurz über dem Marktplatz, dann löst sie sich auf und unzählige kleine Sternenstaubwölkchen fliegen in alle Richtungen davon. »Oh nein«, stöhnt Stjarni und vergräbt sein Gesicht in den Händen. »Das sammeln wir nie mehr ein!« Da zupft ihn jemand am Ärmel. »Was willst du, Estrella?«, murrt Stjarni. Aber es ist nicht Estrella, die an ihm gezupft hat. Eine Hand liegt auf seinem Arm. Stjarni dreht sich um. Vor ihm steht der Sandmann.

Sofort entschuldigt Stjarni sich für sein Missgeschick, einmal, zweimal, dreimal, so peinlich ist es ihm. Der Sandmann hört zu. Und je länger er lauscht, desto breiter wird sein Lächeln. Stjarni verstummt. Ist der Sandmann etwa gar nicht sauer? »Sauer? Ja, wieso denn?«, fragt der Sandmann und klopft Stjarni auf die Schulter. »Durch euch habe ich erst entdeckt, dass ich den Staub auch anders verteilen kann. Das ist grandios!«

Er zeigt auf den Sternenstaub. Die kleinen silbernen Wölkchen schweben durch Ritzen in Jalousien und Fensterrahmen, rutschen durch Kaminschächte oder Briefschlitze, ja ein paar Sternenstaubkrümel quetschen sich gar durch Schlüssellöcher. Dann fliegen sie in die Kinderzimmer und verstreuen schöne Träume. Mio räuspert sich. »Ich ... ich wusste gar nicht, dass Sternenstaub sich allein verteilen kann.« – »Ich auch nicht«, sagt Stjarni. Estrella schnaubt. »Jetzt tu bloß nicht so, als hättest du es gewusst!«, ruft Stjarni lachend. »Du wolltest doch bloß Quatsch machen.« Der Sandmann lacht auch. »Ich glaube, Estrella hat etwas geahnt. Was für ein schlaues Einhorn. Jetzt muss ich nie mehr diesen schweren Sack schleppen, sondern kann den Sternenstaub ganz einfach vor mir her pusten. Und vielleicht könnt ihr mir helfen?«

Er sieht Stjarni, die anderen Sternenjungen und Estrella an. Bevor jemand antworten kann, nickt Estrella so eifrig, dass sie Stjarni einen Nasenstüber gibt. Der Sandmann lacht. »Gut, dann ist es abgemacht. Ab morgen seid ihr meine Helfer.«

# Die Nacht im Garten

Erzählt von Anne-Ev Ustorf
Illustriert von Gerhard Schröder

Felix soll schlafen gehen. Aber er hat keine Lust. Draußen scheint
die Sonne und sogar die Vögel zwitschern noch im Apfelbaum. Viel
lieber wäre er jetzt im Garten. Da hat er eine Idee. »Papa!«, ruft
Felix. »Kann ich im Garten schlafen?« – »Im Garten?«, fragt Papa
verdutzt. »Mit dir und Sammy«, sagt Felix. Papa runzelt die Stirn
und überlegt. »Na gut«, sagt er schließlich. »Es ist ja Wochenende.«
Felix jubelt und Sammy kläfft begeistert. Felix holt gleich seine
Taschenlampe.

»Wollen wir im Zelt schlafen oder unter dem Sternenhimmel?«,
fragt Papa. »Unter dem Sternenhimmel«, entscheidet Felix.
Auf dem Dachboden suchen sie Luftmatratzen
und Schlafsäcke. »Wir müssen Mama
noch eine Nachricht schreiben«, fällt
Felix ein. »Sie soll ja nicht
erschrecken, wenn sie nachts
nach Hause kommt

und wir nicht in unseren Betten liegen.« Am Küchentisch malt er eine Nachricht.

»Hier ist ein schöner Platz!«, ruft Felix und zeigt auf den Rasen hinter dem Haus. »Hier können wir gut den Himmel sehen.« Sie blasen ihre Luftmatratzen auf und legen Schlafsäcke und Kopfkissen darauf. »Fertig«, sagt Felix. »Wollen wir ein Feuer machen wie bei den Cowboys?« Papa hat eine Feuerstelle gebaut. An einem Stock rösten sie Würstchen und Brot. Felix trinkt Apfelsaft und Papa Bier. Sammy bekommt auch eine Wurst. Langsam dämmert es. »Schau mal, der erste Stern!«, ruft Felix.

Das Feuer ist fast verglüht. »Zeit zum Schlafen«, meint Papa. Sie kuscheln sich in ihre Schlafsäcke und schauen in den Himmel. Über ihnen leuchtet ein breiter Streifen heller Sterne. »Toll, die Milchstraße!«, sagt Papa. Felix erkennt schon zwei Sternbilder: den Kleinen Wagen und den Großen Wagen. Plötzlich zischt ein weißer Streifen über den Himmel. »Eine Sternschnuppe!«, ruft Papa. »Jetzt können wir uns was wünschen.« Felix wünscht sich, endlich mal ein Wildschwein zu sehen. Papa hat im Garten schon mal eines beobachtet. Felix war leider nicht dabei.

Mitten in der Nacht wacht Felix auf. Er hört merkwürdige Geräusche: Rascheln, Knistern und Schnaufen. Es riecht komisch. Nach Tier. Leise krabbelt Felix aus dem Schlafsack und greift nach seiner Taschenlampe. Ist dort ein Wildschwein? Oder doch ein Einbrecher? Felix schleicht um die Ecke des Hauses. Im Vorgarten sieht er einen merkwürdigen Schatten. Ein großes, vierbeiniges Wesen wühlt im Gras herum. Was kann das sein? Felix macht seine Taschenlampe an. Da hört er einen Schrei.

»Felix, hast du mich erschreckt!«, ruft seine Mutter. »Was machst du denn hier?« – »Wir schlafen im Garten«, sagt Felix. »Ich dachte, du wärst ein Wildschwein.« Mama lacht. »Ich habe nur meinen Haustürschlüssel fallen lassen«, erklärt sie. »Aber jetzt sehe ich ihn schon.« Sie bringt Felix zum Schlafsack und gibt ihm einen Gutenachtkuss.

Die hellen, warmen Sonnenstrahlen wecken Felix. Sammy schnüffelt aufgeregt im Garten herum. »Schau mal, überall Wildschweinspuren!«, sagt Papa. »Die müssen letzte Nacht um uns herumgeschlichen sein. Das habe ich gar nicht mitbekommen.« Felix freut sich riesig. »Ich schon«, sagt er stolz.

# Der Tubalu

Erzählt von Christin Schill
Illustriert von Anke Hennings-Huep

Wie? Ihr wisst nicht, was ein Tubalu ist? Also, jede Familie hat einen Tubalu. Da bin ich mir ganz sicher. Ein Tubalu ist ein wirklich übler Geselle. Er hat nichts als Blödsinn im Kopf und macht einem das Leben schwer. Er klaut zum Beispiel immer Dinge. Dann sitzt er lachend in seinem Versteck und schaut zu, wie die ganze Familie danach sucht. Oder er macht Dinge absichtlich kaputt und dann bekommen andere die Schuld dafür in die Schuhe geschoben. Er ist sehr clever, und er versteckt sich gut. Das Blöde ist nur, manche Erwachsene glauben nicht mehr an den Tubalu. Dabei sollten sie es eigentlich besser wissen. Wenn sie genau nachdenken würden, müssten sie nämlich zugeben, dass in ihrer Kindheit auch der Tubalu immer schuld war. Meistens jedenfalls. Aber Erwachsene sind oft so vergesslich.

Also, bei Konstantin und Kaja wohnt auf alle Fälle ein Tubalu mit im Haus. Da sind sich die beiden einig. Auch wenn sie sich sonst nicht so oft einig sind. Wie er genau aussieht, das können sie nicht sagen. Denn persönlich gesehen haben sie ihn noch nicht. Konstantin und Kaja haben zwar schon überall nach ihm gesucht, aber er lässt sich nicht so leicht erwischen. Dafür ist er, wie gesagt, einfach zu clever.

Konstantin meint, es könnte vielleicht auch daran liegen, dass Tubalus »nachtaktiv« sind. Kaja sagt, ihre hellblaue Mütze sei aber definitiv am Montagmorgen verschwunden. »Na ja«, sagt Konstantin, »bist du dir ganz sicher, dass sie in der Nacht davor noch da war?« Sicher ist sich Kaja da nicht. Aber für sie steht fest, dass der Tubalu jetzt ihre Mütze hat.

Oder neulich, die Sache mit dem ferngesteuerten Rennauto von Konstantin. Er hatte es gerade erst zum Geburtstag bekommen. Zwei Tage später war es kaputt. Antenne abgebrochen. Am Abend zuvor war es ganz sicher noch heil. Konstantin will schon Kaja die Schuld daran geben. Aber dann wird beiden sonnenklar: Es muss der Tubalu gewesen sein. Wer denn sonst? Konstantin schlägt vor: »Lass uns ihm eine Falle stellen.« Und so legen sie am Abend Kajas neue Puppe und Konstantins rotes Lieblings-T-Shirt mitten im Kinderzimmer auf den Boden. Sie versuchen, die ganze Nacht über nicht einzuschlafen. Am Morgen liegt alles unberührt da. Mist. Den Tubalu konnte man wohl wirklich nicht so einfach überlisten.

Kaja hat eine andere Idee. »Wir schreiben ihm einen Brief.« Das heißt, Konstantin soll ihn schreiben, weil er schon in die erste Klasse geht. Schnell holt Konstantin seine Federmappe aus dem

Ranzen ... tja, und sie brauchen für einen Brief auch noch ein Blatt Papier! Konstantin findet aber keine Einzelblätter mehr. Im Ranzen ist nur noch sein Matheheft ... Und dann schreiben sie:

»Liba Tubalu. Bite klau nich mehr unse sachen. Wen du was auslain willst, okey, aba brings wida zurük. Und mach nich mer unsa schpilzeug kaput! Sonst gipts ärga fon uns!!! Konstantin und Kaja«

Den Brief legen sie ganz hinten in den Kleiderschrank. Kaja meint, der Tubalu wohnt bestimmt dort drin im Schrank, weil er ihre Sachen im Schrank auch immer so unordentlich macht.

Nach dem Mittagessen bleiben alle am Tisch sitzen und Konstantin macht mit Mama Hausaufgaben. Mama schlägt das Matheheft auf und fragt: »Konstantin, hast du hier eine Seite aus deinem Matheheft gerissen?«

Konstantin schaut sich das Heft an. Dann schaut er hinüber zu Kaja. Schließlich schüttelt er den Kopf. »Das war sicher wieder der Tubalu!«

# Yumikos Kraniche

Erzählt von Christin Schill
Illustriert von Anke Hennings-Huep

In einem Land, das sehr weit weg von hier ist – also wirklich weit weg – so weit weg, dass die Sonne dort gerade erst aufgeht, wenn sie hier bei uns schon wieder untergeht. In diesem fernen Land also lebt ein Mädchen. Das Land heißt Japan. Und das Mädchen heißt Yumiko. Ihre Haare sind lang und glatt und ganz schwarz. In der Sonne schimmern sie fast ein bisschen blauschwarz, wie Tinte. Es sieht immer ein bisschen so aus, als ob sie lächelt, auch wenn sie nicht lächelt. Die Stadt, in der Yumiko lebt, heißt Kyoto. Es ist eine prächtige Stadt. Vor langer Zeit war es die Stadt, in der die Kaiser lebten. Aber Yumiko ist keine Kaiserin, auch keine Königin, nicht mal eine Prinzessin, sondern ein ganz normales Mädchen. Sie wohnt in einem ganz normalen Haus. Im fünften Stock.

Yumiko ist ein stilles Mädchen, sie spricht nicht sehr viel. Am liebsten sitzt sie in ihrem Zimmer und faltet kleine Kraniche aus Papier. Man braucht sehr viel Geduld dafür und es dauert ziemlich lange. Sie hat es von ihrer Oma gelernt. Und ihre Oma hatte es von ihrer Oma gelernt und deren Oma von ihrer Oma und immer so weiter. Diese Kraniche bringen Glück, hatte Oma gesagt. Darum hat Yumiko immer ein paar

Kraniche dabei und verschenkt sie an die, die gerade ein bisschen Glück brauchen.

Letzte Woche im Fahrstuhl hat sie zum Beispiel gehört, wie der alte Herr Nakamura zu ihrer Mutter sagte, seine Frau sei im Krankenhaus. Bevor er ausstieg, steckte Yumiko ihm schnell einen Kranich in seine Einkaufstüte. Und gestern, bevor ihr Papa zu einer wichtigen Reise aufbrach, hat sie ihm einen in die Manteltasche gesteckt. Und dann sicherheitshalber noch einen zweiten in die andere. Heute im Bus legt sie vorsichtig einen Kranich in einen Kinderwagen, weil das Baby so sehr weint. Beim Aussteigen lächelt die Frau sehr nett und winkt ihr hinterher. Auf dem Weg nach Hause gehen Yumiko und ihre Mutter noch kurz in den kleinen Supermarkt in ihrer Straße. An der Kasse treffen sie Frau Nakamura. Sie ist wieder aus dem Krankenhaus zurück, es geht ihr viel besser. Sie lächelt Yumiko an und schenkt ihr eine Tüte Bonbons. Erdbeerbonbons. Die mag Yumiko am liebsten.

Am Abend kommt Papa von seiner Reise zurück. Er wirbelt sie lachend herum, gibt ihr einen Kuss und sagt: »Ich habe etwas für dich.« Er holt ein Päckchen aus der Tasche. Darin ist ein Pullover mit ganz vielen kleinen weißen Kranichen drauf. Der Pullover ist blau – Yumikos Lieblingsfarbe. Sie zieht ihn gleich an.

Nach dem Abendessen sitzt Yumiko in ihrem Zimmer und

faltet gerade den nächsten Kranich. Der wievielte ist das eigentlich? Yumiko hat nicht mitgezählt. Oma hatte gesagt, wenn man tausend Kraniche faltet, wird einem ein großer Wunsch erfüllt. Aber Yumiko hat eigentlich gar keinen großen Wunsch. Sie öffnet das Fenster und lässt den Kranich fliegen – irgendjemand da draußen würde sicher ein bisschen Glück gebrauchen können, denkt Yumiko und lächelt.

# Lasse und Linus und die Langeweile

Erzählt von Christin Schill

Illustriert von Anke Hennings-Huep

Lasse und Linus war langweilig. Aber nicht nur so ein bisschen langweilig, sondern so richtig doll laaaaannnnnnnnggggwwweee-iiiiiiiiiiilllliiiiiiiiiiiiiiiiig. Nur damit ihr schon mal Bescheid wisst. Denn alles, was an diesem Nachmittag passierte, wäre natürlich nicht passiert, wenn ihnen nicht so furchtbar langweilig gewesen wäre. Aus lauter Langeweile kommen Kinder ja manchmal auf dumme Ideen. Je größer die Langeweile, desto größer die dumme Idee. Logisch. Und genau so war das bei Lasse und Linus auch.

Ihre Mutter war kurz einkaufen gegangen und hatte die Fernbedienung für den Fernseher mitgenommen. Nicht etwa, weil sie sie zum Einkaufen brauchte. Nein, weil Lasse und Linus die Fernbedienung in jedem noch so guten Versteck fanden. Und Mama war der Meinung, sie sollten kein Fernsehen schauen, zumindest nicht mitten am Tag. Darum hatte sie die Fernbedienung mitgenommen. Also war im Grunde alles Mamas Schuld. Denn als Mama das Haus verlassen hatte, sagte Linus: »Wenn wir schon kein Fernsehen gucken können, dann lass uns was aus dem Fernsehen spielen.« – »Und was?«, fragte Lasse gelangweilt. »Na ...

85

Tierarzt zum Beispiel«, sagte Linus. Lasse überlegte. »Okay, aber wir haben gar kein Tier.« Linus meinte: »Wir nehmen einfach Wuff.« Wuff war Lasses Kuschelhund. »Gut«, sagte Lasse. »Aber dann bist du der Arzt – denn Wuff ist ja schließlich mein Hund.« Linus kramte in der großen Verkleidungskiste. Irgendwo musste doch noch der Arztkittel sein, vom letzten Fasching. »Wir brauchen auch noch Verbandzeug«, sagte Lasse. Linus kramte weiter. Ah ja, da war der Arztkoffer. »Guck mal, Lasse, was ich noch gefunden habe: eine große Tube Kunstblut von Halloween!« – »Au ja, dann

sieht das richtig echt aus!«, rief Lasse begeistert und schmierte auch schon großzügig Wuffs Pfote mit dickem rotem Blut ein. Dabei wurden auch seine eigenen Hände ganz schön blutrot. Währenddessen hatte Linus sich Arztkittel, Mundschutz und Handschuhe angezogen. »Du musst aber von draußen kommen und klingeln, wie bei einer echten Tierarztpraxis«, sagte Linus. Lasse ging also mit dem schwer verletzten, blutenden Wuff vor die Wohnungstür – und klingelte. Und weil nicht sofort etwas geschah, drückte er gleich noch mal mit seiner Hand auf die Klingel und rüttelte auch am Türgriff. Immerhin spielten sie ja einen Notfall. Dr. Linus öffnete schließlich und bat Herrchen und Patienten herein. Wuff wurde gründlich untersucht, abgehört und bekam schließlich die blutige Pfote verbunden.

Da klingelte es plötzlich Sturm. Linus und Lasse sahen sich erschrocken an.

»Wer ist da?«, fragten sie vorsichtig. Sie sollten ja immer erst fragen, bevor sie die Tür aufmachten. »Frau Köllner von gegenüber! Um Gottes willen, Jungs, macht sofort auf!«, hörten sie eine schrille Stimme. Linus und Lasse öffneten die Tür und starrten in das entsetzte Gesicht von Frau Köllner. Neben ihr standen zwei Rettungssanitäter. »Was ist passiert? Geht es euch gut?«, fragten die Sanitäter. »Äh, ja«, stotterte Linus und bemerkte in dem Moment, dass Lasses Hände noch voller Kunstblut waren. »Wir haben nur Tierarzt gespielt. Das ist doch gar nicht echt ...«, versuchte Lasse schnell zu erklären und wischte sich die Finger am Pullover ab. Mittlerweile hatten auch die Sanitäter erkannt, dass es hier keinen echten Notfall gab. »Also wirklich, diese Jungs machen auch nichts als Blödsinn«, sagte Frau Köllner und ging kopfschüttelnd zurück in ihre Wohnung. »Na, wo wir nun schon mal hier sind, können wir uns den Patienten ja auch anschauen«, sagte der eine Sanitäter augenzwinkernd und begutachtete Wuff. »Erstklassige Arbeit, Herr Kollege«, sagte der zweite und klopfe Linus anerkennend auf die Schulter.

Da stand Mama auf einmal in der Tür
und ließ vor Schreck die Einkaufstaschen fallen.
»Falscher Alarm. Keine Sorge, dem Hund
geht es gut«, sagte der Sanitäter. »Dem Hund?!«,
rief Mama irritiert. Die Sanitäter beruhigten
sie und erklärten, was passiert war. Die auf-
merksame Nachbarin hatte eine Blutspur
vor der Tür und blutige Fingerabdrücke entdeckt und daraufhin die Sanitäter gerufen.
»Aber es war ja zum Glück nur ein
Missverständnis«, sagte der freundliche
Sanitäter zu Mama. »Und, Jungs, für
euch gilt: Kunstblut in Zukunft nur noch an
Halloween, verstanden?« Lasse und Linus nickten.

Nachdem sich alle von dem Schreck erholt hatten, konnten
sie schon wieder drüber lachen. Linus und Lasse beseitigten alle
Spuren an Tür und Klingel. Mama brachte ein paar Blumen zu
Frau Köllner und bedankte sich für ihre Aufmerksamkeit. Lasse

und Linus wurden in die Badewanne
gesteckt. Wuff kam samt Verband in die
Waschmaschine. Und Mama rückte am
Abend sogar die Fernbedienung wieder
raus.

# Top-Hoppel-Hase

### Erzählt von Marianne Loibl
### Illustriert von Anke Hennings-Huep

Der Winter neigte sich langsam dem Ende zu und erste wärmende
Sonnenstrahlen drangen bis in die Wohnhöhle von Familie Hase.
Ein mühevoller Arbeitstag lag hinter ihnen. »Es ist jedes Jahr dasselbe«, murmelte Papa Hase, als er sich an den Tisch setzte. »Kaum
schmilzt der Schnee, ist ruck, zuck Ostern da.«

Mama Hase reichte ihm Suppe. »Wir schaffen das schon«,
meinte sie und lächelte. »Genau wie letztes Jahr und das Jahr
davor.«

Milli hatte ganz andere Sorgen. Da neckte sie ihr großer Bruder
Luc auch schon: »Was ist das für eine komische Schleife an deinem
Ohr?« Milli stöhnte. »Lass mich! Du verstehst das nicht.«

Opa Hase sah sie an. »Das
ist hübsch, aber dein Knicke-
öhrchen gefällt mir noch besser.«
Millis Augen füllten sich mit
Tränen. »Das ist es ja! Ich mag
mein Klappohr nicht! – Hat
einer von euch so eins? Nein!
Nur ich, und es ist einfach
nur hässlich.«

Mama Hase sah Milli an und schüttelte den Kopf. »Wie kommst du nur darauf? Du bist etwas ganz Besonderes.« Milli warf den Löffel in den Teller. Die Kräutersuppe spritzte auf den Tisch. »Aber ich kann damit nie ein Top-Hoppel-Hase werden!«, rief sie. »Alle meine Freundinnen wollen Top-Hoppel-Hase werden und sie haben kerzengerade Hasenohren.«

Opa kaute genüsslich am Möhrenbrot, das er in die Suppe tunkte. »Und wieso willst du, was alle wollen?«, fragte er.

»Och Opa«, erwiderte Milli, »Top-Hoppel-Hasen entwerfen Muster für die schönsten Eier und manche von ihnen dürfen ihre Eier auf der ganzen Welt verteilen.« Sie seufzte, denn allein der Gedanke daran, einmal die ganze Welt zu entdecken, nährte ihre Sehnsucht.

»Und Hasen mit Klappohr können keine schönen Muster entwerfen?«, fragte Opa. Milli schüttelte traurig den Kopf. »Du hast das schönste Klappohr, das ich je gesehen habe. Und ich bin auch viel herumgekommen«, erklärte Opa.

»Du könntest ja ganz viel Rübenkuchen essen, vielleicht wirst du dann ein Moppel-Hase«, rief Luc und lachte.

Am liebsten hätte Milli ihm die Zunge gezeigt, aber sie war viel zu traurig, um sich mit ihrem Bruder zu zanken.

Opa schleckte den Löffel ab. »Also, ich finde es langweilig, wenn alle gleich aussehen. Wenn ich für Kinder bunte

Eier verstecken kann und sehe, wie sie sich freuen, ist es das Schönste auf der Welt.« Opa lächelte und strahlte dabei.

Nachdenklich sah Milli ihn an. Wenn sie ehrlich war, wollte sie nur auf die Top-Hoppel-Schule, weil fast alle Mädchen davon träumten. Eigentlich wünschte sie sich nichts mehr, als möglichst vielen Kindern im Frühling eine Freude zu machen. Vielleicht malte sie auch mal eigene Muster? Denn wenn ihre Familie Recht hatte, dann war sie auch etwas Besonderes. Sie sah sich am Tisch um und ihr wurde ganz warm im Bauch. »Ich überlege es mir«, meinte sie.

»Du kannst mir morgen gleich beim Mischen der neuen Farben helfen«, sagte Papa und schielte zum Ofen. »Ist der Möhrenauflauf fertig?« Milli merkte erst jetzt, wie hungrig sie noch war. »Aber die Schleife behalte ich an, solange sie mir gefällt«, rief sie.

# Leo und die Schnupfendings

Erzählt von Marianne Loibl
Illustriert von Anke Hennings-Huep

Leo muss niesen. Richtig fies kitzelt es in seiner Nase. Und schon niest er erneut. Hand vorhalten? Unmöglich, ganz ehrlich!

Da liegt nun die Bescherung auf Leos Lesebuch: unzählige Tröpfchen von Nasenwasser und mittendrin ein kleiner grünlicher See, so groß wie ein Fünf-Cent-Stück.

Leo fingert ein Taschentuch aus seiner Jeans. Nur schnell weg mit dem Fleck, bevor Mama ins Zimmer kommt. Gerade als er das Tuch über den grünen See decken will, bewegt sich darin etwas. Leo blinzelt und guckt noch mal. Da zappelt was! Leo macht die Lampe an und holt die Lupe, die Opa ihm zum Geburtstag geschenkt hat. So ausgerüstet, betrachtet er den Fleck genau. Plötzlich sieht er zwei komische Wesen, so winzig wie ein Sandkorn! Beide tragen einen Mantel mit komischen Zotteln und sie sehen aus, als wären sie sauer. Ziemlich sauer, um genau zu sein. »Wer seid ihr denn? Und warum guckt ihr so, hat euch jemand was getan?«, fragt Leo.

Das eine Wesen stemmt die Hände in die Hüften. »Was fällt dir ein, Junge!«, ruft es da auch schon. »Lass uns gefälligst wieder in deine lecker kühle Nase.«

»Du willst wieder in meine Nase?«, wundert sich Leo. »Wer bist du überhaupt? Ich lasse nicht jeden in meine Nase.«

Das andere Wesen antwortet freundlich mit sanfter Stimme: »Das ist Herr Hah und ich bin Frau Tschi. Wir sind Schnupfenviren und waren in deiner Nase. Übrigens eine sehr schöne Nase. Deshalb wollen wir wieder dorthin.«

»Also nee, ich weiß nicht ...«, brummelt Leo.

»Bitte!«, schmollt Frau Tschi. »Wir sind friedliebende Schnupfenviren und garantiert nicht mit Familie Grippe verwandt. Aber wir verhungern, wenn wir nicht sofort wieder in eine lecker unterkühlte Nase dürfen. Willst du, dass wir verhungern?«

Leo will, dass niemand hungern muss. Und er findet die beiden mit den Zottelmänteln ganz niedlich. Aber muss es ausgerechnet seine Nase sein? Was, wenn Frau Tschi schwindelt und doch zu Familie Grippe gehört?

»Ach, mir wird schon ganz warm«, jammert Herr Hah und seine Beinchen zittern.

»Mir fällt gleich was ein«, ruft Leo voller Mitleid. Vielleicht findet er für die beiden eine andere Nase, in der die Winzlinge wieder Lebenskräfte sammeln.

Leo hat da eine Idee: Die Schnupfendings Herr Hah und Frau Tschi wären doch bei seinem Lehrer gut aufgehoben. Herr Popelsdorf hat schließlich eine schöne große Nase. Doch Leo hat erst nächste Woche wieder Schule und das dauert zu lange. Da fällt ihm ein, dass er morgen mit seinen Eltern zu Großtante Berta fährt. Berta hat einen riesigen Hund und der schmatzt Leo immer auf die

Wangen, die Nase und die Stirn. Leo mag diese Hunde-Küsse nicht und Bertas Hund hat auch immer eine schaurig kalte Nase.

»Könnt ihr es noch einen Tag in meinem Taschentuch aushalten?«, fragt Leo Frau Tschi. Beide sind schon ganz schwach und Herr Hah flüstert: »Aber nur, wenn du es gleich nach draußen auf die Fensterbank legst.«

Da nimmt Leo vorsichtig sein Taschentuch, öffnet das Fenster und legt es hinaus. »Brrrgz!«, ruft Leo. »Ist das eklig!« Aber er denkt an Bertas Hund und seinen Plan.

Am nächsten Tag holt Leo sein Taschentuch vom Fensterbrett wieder herein und schaut mit der Lupe nach den beiden Schnupfendings. »Hallo, Frau Tschi? Hallo, Herr Hah? Wo sind Sie?« Aber wie gründlich er auch alle Taschentuchfalten absucht, er kann sie nicht finden. Beide sind über Nacht verschwunden. Sicher sind sie mit dem kalten Wind davongeflogen, denkt sich Leo. Und sein Taschentuch kann er nun zum Glück wegwerfen.

# Eine wunderbare Freundschaft

Erzählt von Christin Schill

Illustriert von Anke Hennings-Huep

Michi Hansen und Mats Clausen sind zwei kleine Marienkäfer. Sie wohnen direkt nebeneinander. Und sie sind beide genau gleich alt. Auf den Tag genau. Eigentlich könnten Michi und Mats die besten Freunde sein. Wenn, tja wenn es da nicht ihre Mütter gäbe. Frau Hansen und Frau Clausen sind nämlich keine besten Freundinnen. Genau genommen sind sie überhaupt keine Freundinnen. Ja schlimmer noch. Sie können sich nicht mal leiden. Und das fing alles damals an, als Michi und Mats das Licht der Welt erblickten. An einem schönen blauen Sommertag ging Frau Hansen mit ihrem frisch geschlüpften Baby zu ihrer Nachbarin. Sie hatte gehört, dass es auch im Hause Clausen Nachwuchs gab. Und da wollte sie natürlich gratulieren. »Oh, was für ein süßes Baby haben Sie da«, sagte Frau Hansen. »Danke schön, Ihr Kleiner ist aber auch sehr niedlich«, entgegnete Frau Clausen.

»Hm, aber wenn ich ganz genau hinschaue, hat Ihr Michi ja nur drei Punkte. Mein Mats hingegen hat schon vier!«

Und so begann der ganze Ärger. Ständig verglichen die Mütter ihre beiden Kinder. Und irgendwie kam Mats immer ein bisschen besser dabei weg. Mats konnte schneller krabbeln als Michi. Mats konnte einen Tag eher fliegen als Michi.

»Tja«, sagte Frau Clausen dann immer, »Mats hatte ja auch von Anfang an einen Punkt mehr als Michi.«

Das ärgerte Frau Hansen natürlich sehr und sie sagte zu Michi: »Komm, mit diesen Leuten wollen wir nichts zu tun haben.«

Michi fand das schade, weil er Mats eigentlich gut leiden konnte. Es war ihm auch völlig schnuppe, wer von beiden schneller, höher oder weiter fliegen, krabbeln oder pupsen konnte. Aber es war nun einmal so, wie es war. Die beiden Jungs gingen sich aus dem Weg.

Einige Wochen später tobten alle Marienkäferkinder am Rande des Weizenfeldes. Übermütig flogen sie von Halm zu Halm. Da ertönte der Warnruf von Frau Heuschreck: »Achtung, Kinder, Amsel im Anflug! Alle in Deckung, aber schnell!« Hektisch suchten sich alle ein Blatt, unter das sie krabbeln, oder eine Blüte, in der sie sich verstecken konnten. Michi war zielsicher direkt in eine Mohnblume gesaust. Mats hingegen floh in panischem Zick-Zack-Kurs vor der Amsel, die ihm schon gefährlich nahe kam. Da rief Michi, so laut er konnte: »Hierher, Mats! Zu mir, schnell!« In letzter Sekunde landete Mats neben Michi. Mitten in der roten Mohnblume waren sie perfekt getarnt. Mucksmäuschenstill saßen sie nebeneinander.

**96**

Die Amsel drehte noch ein paar Runden über dem Weizenfeld und flog dann weiter.

Michi und Mats hatten kein Wörtchen miteinander gewechselt. Teils vor Schreck. Teils aber auch, weil sie ja sowieso nie miteinander sprachen.

Michi brach zuerst das Schweigen: »Puh, das war ganz schön knapp.« – »Stimmt«, flüsterte Mats und schaute ihn dankbar an. »Ich glaube, du hast mir gerade das Leben gerettet.« – »Kein großes Ding«, sagte Michi verlegen. »Hättest du doch auch gemacht, oder?« – »Na klar«, versicherte Mats schnell. »Freunde?«, fragte Mats schüchtern. »Freunde!«, antwortete Michi und lachte. Und dann musste Mats auch lachen. Sie lachten und lachten immer lauter. So laut, dass schließlich ihre Marienkäfer-Mütter angeflogen kamen. Das laute Lachen hatte man über das ganze Feld gehört. Und weil es so fröhlich und ansteckend war, konnten die Mütter gar nicht anders als mitzulachen. Von dem Moment an war alles vergeben und vergessen. Frau Clausen lud Frau Hansen zu Kaffee und Kuchen ein. Gemeinsam feierten sie die Rettung ihrer Kinder. Und während die Sonne hinter dem Weizenfeld unterging, sagte Frau Hansen zu Frau Clausen: »Ich glaube, das ist der Beginn einer wunderbaren Freundschaft.«

# Hochbegabt

Erzählt von Christin Schill
Illustriert von Anke Hennings-Huep

Mitten auf dem Dorfplatz steht ein Lindenbaum. Es ist ein sehr großer, alter Lindenbaum. Wenn man ganz genau hinschaut, kann man oben zwischen den knorrigen Ästen ein Nest entdecken. Dort wohnen vier Vogelkinder. Vier Brüder. Etwas eng ist es mittlerweile geworden, denn die Jungs sind schon ganz schön groß. Der Sommer neigt sich dem Ende zu, die ersten Blätter werden gelb.

Eines Morgens schaut die Vogelmutter nachdenklich in den Himmel. »Hört mal, Jungs, ich denke, es wird Zeit.« – »Häh, was?! Zeit wofür?«, fragt Jonas, der Älteste. »Na, Zeit, das Nest hier zu verlassen und die Welt zu entdecken«, sagt sie feierlich. »Nee, nee, stopp mal«, mischt sich da Tom ein, »wir hatten ja noch gar kein Frühstück!« – »Und überhaupt«, meckert Phillip, »das Wetter sieht heute gar nicht gut aus.« Die Mutter schüttelt den Kopf. »Schluss mit der Diskussion. Es ist weder zu windig noch zu kalt. Heute ist ein wunderbarer Tag für den ersten Flug!« – »Okay, wenn's sein muss ...«, murren alle drei und klettern auf den Rand des Nestes.

Moment mal – alle drei? Da fehlt aber einer. Es waren doch vier Brüder. Genau. Hans, der Kleinste, hat sich ganz tief ins Nest geduckt.

»Angsthans, Angsthans!«, rufen Jonas, Tom und Phillip im

Chor. Immer ärgern sie ihn. Und es stimmt ja auch, er hat wirklich große Angst. »Was, wenn ich mich zu dumm anstelle und abstürze?«, denkt er. »Was, wenn ich nicht schnell genug fliege und die Katze mich erwischt?« Am liebsten möchte Hans sich unsichtbar machen.

»Komm schon, Hans. Ich weiß, dass du das schaffst«, sagt Mama aufmunternd.

Ganz, ganz langsam und sehr vorsichtig klettert Hans an den Rand des Nestes.

»Wie der schon guckt!«, grölt Jonas. »Nie im Leben traut der sich überhaupt loszufliegen!«, meint Tom. »Das Hänschen kriegt eh nix auf die Reihe«, sagt auch noch Phillip und grinst. »Na toll«, denkt Hans, »wieder mal alle gegen einen.«

Inzwischen macht sich Jonas zum Sprung bereit. Los geht's! Hektisch flattert er hin und her. Nur mit Mühe kann er sich auf einen der unteren Äste retten. Tom ist der Nächste. Mutig stößt er sich ab. Am Anfang sieht es auch gar nicht schlecht aus. Aber dann gerät er plötzlich ins Trudeln. Hals über Kopf landet er auf dem Dorfplatz. »Eins-a-Bruchlandung!«, ruft Phillip lachend vom Baum. »Mach du's erst mal besser!«, ruft Tom wütend zurück. »Kein Problem, Brüderchen«, sagt Phillip und fliegt los. Na ja, sagen wir besser mal, stürzt los. Denn auch Phillip hat so seine Probleme. Zumindest mit der Richtung. Er steuert voll auf den Dorfteich zu. Nur ganz knapp davor kann er noch abbremsen.

»So, Hans, jetzt bist du dran«, sagt die Vogelmutter. Aufmunternd klopft sie ihm auf die schmalen Schultern.

»Muss ich denn wirklich?«, fragt er flehend. Die Mutter lächelt ihn an und nickt. »Am besten, du schaust gar nicht nach unten«, rät sie ihm.

Hans hält sich mit beiden Flügeln die Augen zu. Und – springt. »Oh nein! Die brauche ich ja zum Fliegen!«, denkt er sofort und streckt schnell seine Flügel aus. Aber dann ist er völlig überrascht. Das mit dem Fliegen klappt fantastisch! Zum ersten Mal in seinem Leben hat er das Gefühl, etwas richtig gut zu machen. In großen, ruhigen Bögen umkreist Hans den Lindenbaum. Und er kann gar nicht genug davon kriegen. Mutig fliegt er höher und immer höher.

»Hans, Hahaaans ...« Von sehr weit weg hört er die Stimme seiner Mutter. »Für heute reicht es, du kannst zurüüüüückkommen.«

»Nur noch ein kleines bisschen, Mama!«, ruft er und schaut zum ersten Mal nach unten. Seine Brüder sind winzig kleine Punkte. Kaum noch zu erkennen. Und selbst der große alte Lindenbaum sieht von hier oben eher wie ein Lindenbäumchen aus. Jonas, Tom und Phillip starren ihn mit offenen Schnäbeln an. »Guckt mal, wie weit oben der fliegt! Total begabt!«, ruft Jonas fassungslos.

»Das ist ja nicht normal«, murmelt Tom.

»Der fliegt echt richtig hoch, Mann!«, sagt Phillip. »Ich glaube, Hans ist hochbegabt.«

# Bobo und Sina

Erzählt von Marianne Loibl
Illustriert von Anke Hennings-Huep

Der kleine Hund Bobo knabberte an einem Knochen und sah immer wieder zur Hecke, die zum Nachbargarten führte. Wann kam Sina endlich? Er knurrte voller Ungeduld. Seit er denken konnte, gab es für ihn nichts Schöneres, als mit dem Kätzchen zu spielen. Da schlüpfte Sina auch schon durch das Gestrüpp und tigerte auf ihn zu. Wie hübsch sie war mit ihrem Feuerfell und wie zart. Nie im Leben würde er sich mit seinen großen Tatzen so leise anschleichen können.

»Guten Morgen!«, rief er. »Hast du verschlafen?«

Sina zog ihre Ohrenspitzen nach hinten. »Wie kommst du darauf? Ich habe mein Fell gepflegt.«

Es dauerte nicht lange, und die beiden spielten miteinander. Sie rannten um die Wette und Bobo gewann. Sie kletterten um die Wette und Sina gewann. Und sie rangelten und kuschelten, bis sie müde wurden.

So ging das jeden Tag, den ganzen Sommer lang.

Bobo und Sina wuchsen. Die anderen Hunde und Katzen in der Straße und in der Siedlung fingen an zu tuscheln. »Die beiden sind komisch«, flüsterten sie hinter vorgehaltener Pfote. »Hunde und Katzen können keine Freunde sein. Irgendjemand muss ihnen das beibringen.«

Doch Bobo und Sina kümmerte das nicht, auch wenn sie von den Gerüchten gehört hatten.

Eines Tages passierte es: Bobo verletzte Sina am Ohr. Es blutete, weil seine Zähne größer und sein Kiefer kräftiger geworden waren. »Oh, das tut mir so leid! Ich wollte das nicht«, jaulte er. Sina strich sich mit der Pfote über die Wunde und schleckte sie rein. »Ist nicht schlimm. Ich weiß, dass es ein Versehen war.«

Noch am selben Tag steckten die anderen Hunde die Köpfe zusammen. »War doch klar, dass es so weit kommt. Wir Hunde sind nun mal stärker und Sina ist selber schuld.«

Und auch die Katzen wisperten: »War doch klar, dass dieser Rüpel Sina etwas antut! Dass sie aber auch nicht kapieren will, wie gefährlich Hunde sind!«

Da kam Herold angedackelt. Er hatte schon ein graues Fell, aber er war kräftig und klug. Herold wohnte mit seinem Herrchen in einem alten Haus. Man knurrte und miezte, Herold gehöre zu einem Zauberer. Auf jeden Fall verstummten alle, wenn Herold bellte.

»Euch ist nicht zu helfen«, brummte er. »Es geht wohl nicht in eure Schädel, dass Bobo und Sina sich sehr mögen.«

Kongo fasste Mut und knurrte: »Hunde und Katzen können sich nicht leiden.«

»Genau, weil Hunde doof sind!«, miezte Frufru.

»Quatsch! Ihr seid eingebildet!«, bellte Hassan.

»Ruhe!«, bellte Herold. »Anstatt diesen Mist zu glauben, probiert doch mal aus, zusammen zu spielen. Aber ich warne euch: Es könnte euch gefallen!« Dann dackelte er davon.

Alle sahen ihm nach. »Na ja, man könnte es mal probieren«, flüsterte Flocki und schielte zu Herma. Das Katzenmädchen gefiel ihm schon lange. Bestimmt konnte man toll mit ihr toben.

Da lud er sie zu einer Runde Krallenkratzen ein. Am Ende des Sommers spielten die Hunde und Katzen nachmittags im Park miteinander, als wäre es schon immer so gewesen. Nur die Herrchen und Frauchen wunderten sich darüber. Aber was wissen die schon vom aufregenden Tierleben ...

# Ein ganz besonderer Schatz

Erzählt von Marianne Loibl
Illustriert von Anke Hennings-Huep

»Marie feiert ihren Geburtstag in einem richtigen Schloss. Wir dürfen Prinzessinnenkleider anziehen und einen Schatz suchen«, rief Lilly aufgeregt. »Mami, darf ich auch so eine Party machen? Ich habe doch bald Geburtstag. Bitte!«

»In einem richtigen Schloss zu feiern ist bestimmt sehr aufwendig, Lilly«, sagte Mama. »Wir feiern besser zu Hause mit lustigen Spielen. Vielleicht können wir sogar in den Park gehen.«

»Aber ich will eine Prinzessin sein!«, rief Lilly wütend. »Marie darf und ich nicht. Du hast mich gar nicht lieb!«

»Das stimmt nicht!«, sagte Mama leise. »Wir haben dich sehr lieb. Deshalb ist unser Zuhause dein Schloss.« — »Und ich bin der Schatz?«, fragte Lilly vorsichtig. »Ja, du bist ein Schatz«, sagte Mama lächelnd.

»Bin ich ein wertvoller Schatz?«, fragte Lilly nochmals. »So wertvoll, dass man ihn mit allem Geld der Welt nicht kaufen könnte«, versicherte Mama beschwörend.

Schon am nächsten Tag war großer Bastelnachmittag im Kindergarten. Einmal im Monat waren die Hortkinder eingeladen und Lilly liebte es, sich tolle Tricks von den Großen abzuschauen.

Erzieherin Helena zog kleine Schatztruhen aus Pappe aus einer Kiste. »Ihr könnt sie bemalen und mit diesen Glassteinen bekleben«, sagte sie. »Die sehen aus wie für eine Prinzessinnenkrone«, rief Lilly begeistert.

»Dann passen sie ja gut zu dir und zu Marie!«, lachte Helena. »Also, ran an die Arbeit.«

Als die ersten Kinder abgeholt wurden, konnten Lilly und Marie gar nicht glauben, wie schnell die Zeit vergangen war.

»Wer mag, malt seine Truhe zu Hause noch an«, schlug Helena vor. »Ja, und ich weiß auch schon, wem ich sie schenke«, sagte Lilly.

Zu Hause suchte Lilly ein Foto. Sie fand ein besonders schönes: Mama, Papa und Lilly am Strand. Alle lachten fröhlich. Lilly nahm ihren Klebestift und klebte das Foto auf dem Boden der Schatztruhe fest.

Nach dem Abendessen holte sie die Truhe. »Das schenke ich euch«, rief sie. Sie zappelte voller Ungeduld.

»Oh, eine Schatztruhe!«, sagten Mama und Papa gleichzeitig. Mama drehte sie und sah sich die Truhe genau an. »Sie ist wunderschön. Hat dir jemand dabei geholfen?«, fragte sie.

Lilly verschränkte ihre Arme. »Das konnte ich alleine. Erst war das Muster für die Glitzersteine in meinem Kopf und dann kam es über meine Hände auf die Schatztruhe«, erklärte sie stolz.

Da entdeckte Papa das Foto im Inneren der Truhe. »Das ist ein wunderbares Geschenk«, flüsterte er und seine Augen leuchteten wie ein Sternenhimmel. Jetzt guckte auch Mama in die Truhe. »Oh, das sind wir in Italien. Weißt du noch, das war damals ein besonders schöner Tag.«

Lilly nickte. »Mit Papa habe ich eine große Sandburg gebaut.« Und dann hatte sie plötzlich eine Idee. »Ihr könnt da immer Fotos von tollen Tagen reinlegen. Und an meinem Geburtstag will ich Schatztruhen basteln, zusammen mit meinen Freunden. Die Truhe schenke ich dann Oma und Opa.« Lilly hüpfte vor Vorfreude.

»Das ist eine prima Idee«, sagte Mama und drückte Lilly einen Kuss auf die Wange.

# Nachts im Blumenbeet

Erzählt von Christin Schill
Illustriert von Anke Hennings-Huep

Mia sollte eigentlich schon längst schlafen. Aber heute geht das irgendwie nicht so recht. Sie liegt in ihrem Bett und schaut in den Himmel. Erst war er orange, dann rosa und jetzt ist er dunkellila. Mia steht auf und schleicht sich zum Fensterbrett. Wow! Im Dunkeln sieht der Garten ganz anders aus als noch im Sonnenschein heute Mittag. Seltsame Schatten huschen über die Blumenbeete. Die Glockenblumen sehen fast schwarz aus und wippen sanft im Wind.

Plötzlich muss Mia an den kleinen Marienkäfer denken, den sie heute Mittag beobachtet hat, als er mühsam in die kleine blaue Glocke geklettert ist. Wie es ihm jetzt wohl geht? Ob er denn schon schläft? Vielleicht ist ihm ja ganz schwindelig von dem ganzen Hin-und-Hergewippe, grübelt sie. Ihr wird ja auch immer ein bisschen schlecht auf der Schaukel oder im Karussell.

Und dann fällt ihr die Ameisenstraße ein, die quer über den Gartenweg von der Gartenlaube bis hin zur alten Linde geht. Oh weh, müssen die vielen kleinen Ameisen denn auch die ganze Nacht lang so emsig arbeiten? Oder haben sie ein warmes Plätzchen zum Schlafen?

Und was ist überhaupt mit der kleinen Hummel, die heute so fröhlich um die Sonnenblume gebrummt ist – wo schläft die eigentlich?

Ach, und wo ist jetzt wohl der kleine Schmetterling mit den wunderschön glitzernden Flügeln? Sie war ihm heute Nachmittag von Blume zu Blume hinterhergelaufen und hatte ihn schließlich doch aus den Augen verloren. Vielleicht hat er sich ja verflattert und irrt jetzt dort alleine durch die Dunkelheit?

Mia wird immer unruhiger. Mittlerweile ist es stockdunkel und so viele Tierkinder sind da draußen alleine im Garten!

Sie klettert vom Fensterbrett und geht auf Zehenspitzen zum Zimmer ihrer Eltern.

»Mia!«, ruft Mama überrascht. »Du bist ja noch wach!«

»Ja, ich konnte einfach nicht einschlafen«, sagt Mia, »weil ich an die ganzen Tierkinder draußen in Garten denken muss.«

»Na, dann lass uns mal nachsehen«, sagt Papa. Er nimmt die große Taschenlampe, sie ziehen sich die Gummistiefel an und gehen raus in den Garten. An Papas Hand fühlt es sich schon ein bisschen weniger dunkel an.

Zuerst gehen sie zu den Glockenblumen. Im hellen Schein der Taschenlampe leuchten sie wieder so schön blau wie am Tag. Vorsichtig dreht Mia eine Glocke um – und tatsächlich: Tief in

den Blütenkelch gekuschelt entdeckt sie den kleinen Marienkäfer. Schwindelig scheint ihm ganz und gar nicht zu sein, denn er schläft tief und fest.

Dann suchen sie die Ameisenstraße – aber sie finden nicht eine einzige Ameise!

»Tja«, sagt Papa, »die haben es sich längst alle gemütlich gemacht unter dem großen Stein dahinten. Wir lassen sie wohl besser schlafen, denn morgen müssen sie ja wieder früh raus.«

»Und was ist mit der kleinen Hummel?«, fragt Mia besorgt. Papa hebt den Kopf der großen gelben Sonnenblume an, und siehe da – genau in der Mitte, wo es samtweich ist, hat die Hummel sich bequem zur Ruhe gelegt.

»Psssst!«, macht Papa und lässt die Sonnenblume vorsichtig wieder los. »Wir wollen sie ja nicht wecken.«

»Aber der Schmetterling, was ist mit ihm?«, fragt Mia und muss dabei schon etwas gähnen. Papa lässt den Schein der Taschenlampe langsam über das Blumenbeet gleiten. Nichts – kein Schmetterling weit und breit.

Mia seufzt. »Na komm«, sagt Papa, »er wird sicher auch irgendwo ein schönes Plätzchen zum Schlafen gefunden haben.«

Mia zögert und zuckt mit den Schultern.

Es ist kalt geworden und auf einmal möchte sie ganz dringend wieder in ihr warmes Bett.

»Gute Nacht«, sagt Papa und schließt die Tür.

»Gute Nacht«, sagt Mia und zieht sich die Bettdecke bis zum Kinn. Der Mond steht mittlerweile hoch am Himmel und taucht alles in ein silbriges Licht. Mia fallen schon fast die Augen zu.

Doch was ist das? Durch den Fensterspalt flattert ein Schmetterling herein. Er tippelt etwas nach links und dann wieder etwas nach rechts und dann faltet er mitten auf dem Fensterbrett seine Flügel zusammen. Mia lächelt und dreht sich beruhigt um.

Und sie ist sich ganz sicher, ein leises »Gute Nacht« gehört zu haben.

# Das kleine Monster Pinky

Erzählt von Christin Schill
Illustriert von Anke Hennings-Huep

Am Wochenende ist Karolin oft bei ihrer Großmutter. Karolin nennt sie Großmie, weil sie auch noch eine andere Großmutter hat, die schon Omi heißt. Bei Großmie ist es immer toll. Da kann sie den ganzen Tag spielen.

»Karolinchen«, sagt Großmie oft, wenn sie ihr beim Spielen zusieht, »du hast wirklich eine blühende Fantasie!«

Karolin weiß nicht genau, was das bedeutet. Fantasie ist irgendwas im Kopf. Aber wie das da blühen soll, das versteht sie nicht. Egal, jetzt will sie erst mal raus. Sie liebt es nämlich, draußen zu spielen. Am liebsten in dem verwilderten Garten hinter den Garagen. Dort trifft sie ihre Freunde: kleine, federleichte Elfen oder dicke, lustige Kobolde. Je nachdem.

Nur heute scheint niemand da zu sein. Karolin will sich gerade auf die Suche machen, da steht plötzlich ein Monster vor ihr. Aber es scheint ein sehr liebes Monster zu sein. Das sieht Karolin sofort. Es ist nämlich ganz pink. Vom Kopf bis zu den Füßen nur pink. Okay, die riesigen schiefen Zähne sind schon ein bisschen bedrohlich. Aber es hat so eine zarte Piepsstimme und schaut ganz traurig und verloren. Karolin beschließt einfach, keine Angst vor ihm zu haben. Sie fragt freundlich: »Wie heißt du denn? Und wo kommst

111

du denn her?« Leider nuschelt das Monster sehr. Oder es spricht eine komische Sprache, die Karolin nicht versteht. Jedenfalls dauert es eine Weile, bis sie begreift, was das Monster will. Es hat sich verlaufen und irrt nun schon seit Tagen durch die Vor- und Hintergärten der Nachbarschaft. Dabei versucht es, sich so gut es geht vor den Menschen zu verstecken. Die sind ja bekanntlich nicht sehr gut auf Monster zu sprechen. Karolin trifft eine vernünftige Entscheidung, die wohl jedes Kind getroffen hätte. Sie nimmt das Monster mit nach Hause. Natürlich würde es schwer werden, ihrer Großmie die plötzliche Anwesenheit eines pinken Monsters in der Wohnung zu erklären. Darum soll Pinky im Keller wohnen. Zumindest vorerst. Sie hat das Monster Pinky getauft, weil sie seinen Namen nicht so richtig verstanden hat. Aber Pinky scheint nichts dagegen zu haben, Pinky zu heißen. Und so bringt Karolin ihre neue Monsterfreundin in den Keller.

Es ist Abendzeit und Karolin muss hoch zum Essen. In der Küche schnappt sie sich ihren Teller und verkündet: »Ich esse heute im Keller.« Und damit verschwindet sie auch schon. »Karolinchen und ihre Einfälle«, denkt Großmie und lächelt ihr hinterher.

»Kartoffelpüree, Erbsen und Fischstäbchen.« Karolin deutet auf den Teller. Pinky starrt darauf und schüttelt den Kopf. »Das ist aber lecker, probier mal«, versucht Karolin Pinky zu überreden. Pinky schüttelt den Kopf und verschränkt die Arme. Karolin läuft zurück in die Küche. »Was gibt's zum Nachtisch?«, fragt sie. »Ich wollte gerade die Melone aufschneiden«, sagt Großmie. »Geht schon«, ruft

Karolin, schnappt sich die halbe Melone und ist wieder weg. Im Laufe des Abends holt Karolin noch eine Schale Cornflakes, die Hälfte des Käsekuchens (den Großmie eigentlich für morgen gebacken hatte), eine Tüte Gummibärchen und zwei Flaschen Apfelsaft aus der Küche. Wer hätte das gedacht: Pinky steht offenbar auf Süßes. Von alldem bekommt Großmie natürlich nichts mit. Karolin ist ja schlau. Als Karolin das letzte Mal in den Keller kommt, hört sie nur noch ein lautes Schnarchen. Sie wünscht Pinky leise eine gute Nacht und geht nach oben. Als sie sich im Bad die Zähne putzt, schaut sie in den Spiegel. Sie geht ganz dicht heran, hebt den Kopf und guckt tief in ihre Nase. Da im Kopf blüht aber nichts. Keine einzige Blume. Dann fasst sie sicherheitshalber noch mal in beide Ohren. Dort wächst aber auch nichts. Das mit der blühenden Fantasie scheint Großmie sich also mal wieder nur ausgedacht zu haben.

# Prinz Poldi und der blöde Ball

Erzählt von Christin Schill
Illustriert von Anke Hennings-Huep

»Lasst mich in Ruhe mit dem blöden Ball!«, rief Prinz Poldi und knallte die Tür hinter sich zu, dass es nur so schepperte. Die beiden Wachen zuckten zusammen und warfen sich einen vielsagenden Blick zu. Eigentlich dürfen Kinder ja nicht rumschreien. Oder mit Türen knallen. Aber Poldi durfte so einiges. Er war ja schließlich nicht irgendein Poldi, sondern Prinz Poldi. Und im Moment war er ein sehr, sehr wütender Prinz. Er schmiss sich auf sein Bett und biss vor lauter Wut in die Bettdecke. In den letzten Tagen wurde überall im Schloss hinter vorgehaltener Hand geflüstert, von einem neuen Ball war die Rede. Und Poldi war selbstverständlich davon ausgegangen, dass es sich um ein Geschenk für ihn handelte. Er war hier ja schließlich der Prinz. »Was wird das wohl für ein unglaublich toller neuer Ball sein?« Einen goldenen hatte er ja schon. Auch zwei oder drei silberne und dann so an die zweihundert normale. Die lagen allerdings irgendwo im Schlosspark in den Büschen. Es musste also schon ein ganz besonderer Ball sein, wenn das ganze Schloss davon sprach. Und nun diese Enttäuschung! »Poldilein«, hatte Mama geflötet, »gleich kommt der Hofschneider. Er bringt dir den neuen Anzug für den Ball.« Sooooo ein Ball also, ein Ball mit Tanzen! Poldi war außer sich. Er mochte solche Hofbälle nicht.

Und wie er sie hasste! Dieses Herumgestehe in steifen Anzügen. Dieses Herumgekichere von irgendwelchen blöden Prinzessinnen. Dieses Herumgesitze an der Tafel. Stundenlang. Man hatte einfach überhaupt keinen Spaß auf so einem Ball. Tja, nun war Poldi aber leider nur Prinz und nicht König, darum hatte er keine Wahl.

Am Abend des Balles saß er mürrisch am Ende einer langen Tafel. Links von ihm eine gackernde Prinzessin neben der anderen. Und rechts von ihm lauter junge Grafen, Barone und Freiherren. Allesamt sterbenslangweilig. Plötzlich zwickte ihn etwas in die Wade. Vorsichtig hob er das weiße Tischtuch an. Da hockte eine Prinzessin unter dem Tisch. Und sie machte ihm komische Zeichen. Das fand Poldi jetzt irgendwie spannend. So unauffällig wie möglich rutschte er von seinem Stuhl unter den Tisch.

»Hast du auch keinen Bock auf den blöden Ball da oben?«, fragte die Prinzessin belustigt. »Ähm, ja, in der Tat«, antwortete

**115**

Poldi ein wenig steif. »Mach dich mal locker«, sagte die Prinzessin und knuffte Poldi in die Seite. »Ich bin übrigens Tessi.«

»Mein Name ist Prinz …«, wollte Poldi gerade ausholen. »Schon klar, lassen wir die Förmlichkeiten. Hast du Lust, ein paar Leute zu ärgern?«

Und schon ging es los. Schuhe wurden geklaut und Füße gekitzelt. Und in die eine oder andere Wade wurde gekniffen. Was wiederum zu spitzen Schreien und Gläserklirren oberhalb des Tisches führte. Poldi war sprachlos. So benahm sich doch keine normale Prinzessin. Normale Prinzessinnen und Prinzen saßen nicht unter Tischen und machten solchen Blödsinn. Allerdings musste er zugeben, dass sie jede Menge Spaß hatten. Und darum verabredeten sie sich direkt für den nächsten Ball. »Dann treffen wir uns aber gleich hier unten«, meinte Prinzessin Tessi.

»Zu zweit, unter dem Tisch, ist so ein blöder Ball eigentlich ganz schön lustig«, dachte Prinz Poldi. »Und Tessi ist eigentlich auch ganz schön lustig für eine Prinzessin.«

# Bauchweh!

### Erzählt von Marianne Loibl
### Illustriert von Anke Hennings-Huep

»Jonas, pass auf!«, rief Simon seinem Torwart noch zu. Aber der Ball sauste an Jonas vorbei ins Netz! Jonas stand reglos auf der Torlinie, hielt sich den Bauch und stöhnte. »Hurra!«, jubelte die gegnerische Mannschaft. »Jetzt steht es drei zu eins für uns.«

Simon warf sein Stirnband weg und sah seinen Bruder Jonas wütend an. »Schlafmütze! Was ist los mit dir?« – »Bauchweh!«, jammerte Jonas und krümmte sich. »Dein Gesicht sieht auch ganz grün aus«, sagte Simon. »Wie die Frösche in unserem Gartenteich«, meinte Paul und grinste. Als Jonas seine Arme noch enger um den Bauch schlang, schwiegen alle und kauerten neben Jonas am Boden.

»Soll ich Mama holen?«, fragte Simon mit zittriger Stimme. Jonas schüttelte den Kopf. Er versuchte zu lächeln, aber es ging nicht. Im Bauch rumpelte es. Es stach mal hier, mal da.

»Was hast du gegessen? Vielleicht Bratwürstchen mit Sahne?«, fragte Hannes. »Igitt!«, schrie Paul. »Da wird mir gleich schlecht!« – »Cowboy-Eintopf«, raunte Simon. »Was ist denn das?«, fragte Paul. »Bohnen mit Zwiebeln und Kartoffeln – schmeckt echt lecker«, erklärte Simon. »Kein Wunder!«, meinte Paul. »Mein Opa sagt immer: ›Jedes Böhnchen ein Tönchen‹, weil Bohnen blähen. Pups mal richtig, dann geht es dir besser. Ja, echt jetzt. Was drückt, muss raus, sagt mein Opa!« Paul grinste noch breiter. »Habt ihr schon mal absichtlich so richtig laut gepupst?«

Jonas schüttelte den Kopf. Simon nickte. »Früher einmal, im Kindergarten, als es ganz still war.« – »Und was hat deine Erzieherin zu dir gesagt?«, wollte Jonas wissen. »Sie hat getan, als ob sie es nicht gehört hätte.« – »Wisst ihr was?«, rief Paul. »Wir denken uns lustige Ausdrücke fürs Pupsen aus. Und zwar so lange, bis Jonas pupsen kann und kein Bauchweh mehr hat.« Paul fing an: »Furzbeutel furzen furzige Oberfurze.« – »Pupsbacke pupst pupsige Pupse.« – »Stinkende Stinkbacke.« – »Dinopups haut alle um, nur der Minipups schaut dumm!« – »Kommt ein großer Furz geflogen, hat sich der kleine Pups verzogen.«

Alle Jungs kicherten lauthals los. Jonas wackelte vor Lachen!

*Pups!* Ganz laut. Und gleich noch einmal. *Pups!* Jonas lächelte. »Endlich«, seufzte er erleichtert.

»Du kannst deine Torwarthandschuhe ausziehen!«, schlug Paul vor. »Ab jetzt wehrst du die Bälle mit Pupsen ab.« Jonas lachte. »Mann, hier stinkt es jetzt aber doch sehr«, rief Simon.

Aber das war Jonas pupsegal. Hauptsache, beim Lachen kam die Luft raus und sein Bauchweh ließ nach! Und er konnte wieder so gut mitkicken, dass das Spiel am Schluss mit drei zu drei endete.

# Schlafparty bei Tintoretto

Erzählt von Carola Heumann
Illustriert von Anke Hennings-Huep

Die kleine Meerjungfrau Murielle hatte von allen Meer-
jungfrauen den schönsten blaugrün schimmernden
Schuppenschwanz und die wildesten brombeerrot leuch-
tenden Haare. Murielle lebte in der farbigen Unterwasserwelt der
Südsee, inmitten unzähliger bunter Fische, Korallen und Wasser-
pflanzen. Die meisten der Tiere waren ihre Freunde. Ihr allerbester
Freund aber war ein blauer Tintenfisch, der Tintoretto hieß und der
sehr liebenswert war und auch sehr vergesslich.

»Tintoretto!«, rief Murielle ihren Freund. »Tintoretto! Wo
bist du?« – »Jajaja, ich bin hiiiiiier!«, hörte sie den Tintenfisch mit
seiner tiefen Stimme aus der Ferne. Geschwind schwamm Murielle
mit wenigen Flossenschlägen in Richtung seiner Höhle, in der sie
Tintoretto vermutete. Und richtig! Mit seinen acht langen Armen
lag Tintoretto ganz entspannt direkt vor seiner Behausung. »Und
bist du schon mit deinen Vorbereitungen fertig?«, wollte Murielle
wissen. »Jajaja, mit was genau soll ich schon fertig sein?«, fragte
Tintoretto und klang dabei sehr überrascht. »Mit deinen Vorbereitungen für heute Abend!«, erklärte Murielle. Tintoretto schaute sie
erstaunt und fragend an. »Oje«, seufzte Murielle, »ich ahne es: Du
hast vergessen, dass du deine Freunde heute zu einer Schlafparty

119

eingeladen hast!« – »Natürlich!«, rief Tintoretto. »Die Schlafparty ist ja heute!« Blitzschnell wurden seine Augen hellwach und im Nu wirbelten alle Arme umher. Es dauerte keine sieben Minuten, und schon hatte er in seiner Höhle aus Sand und Pflanzen einige weiche Schlafplätze für seine Gäste hergerichtet. Kurz darauf kamen schon die ersten vorbei.

»Jajaja, herzlich willkommen zu meiner Schlafparty«, begrüßte Tintoretto die Freunde. »Danke für die Einladung«, antwortete Sheila, die Schildkröte, »es sieht sehr gemütlich bei dir aus.« Neben der Schildkröte waren auch noch der Clownfisch, das Seepferd, die Qualle, der Delfin und Murielle seine Gäste. »Für alle ist genügend Platz. Macht es euch bequem«, sagte Tintoretto. »Darf ich heute Nacht neben dir schlafen?«, fragte das Seepferd seine Freundin, die Qualle. – »Ja, gerne«, erwiderte die Qualle. – »Jajaja«, begann Tintoretto, »aber vor dem Einschlafen möchte ich mit euch noch ganz viel vorlesen, Geschichten erzählen ...« – »Und Quatsch machen!«, ergänzte die Qualle. – »Ich fange dann mal mit dem Vorlesen an«, sagte Murielle und schlug ein Buch auf. Alle hörten ihr neugierig zu. Vier schöne Geschichten las Murielle den Freunden vor. Und schon gleich nach der ersten Geschichte war Tintoretto selig eingeschlafen.

# Osterhase trifft Weihnachtsmann

Erzählt von Christin Schill
Illustriert von Anke Hennings-Huep

Es war mitten im Sommer, in den großen Ferien. In dieser Zeit machen ja viele Leute Urlaub. Und natürlich auch der Osterhase und der Weihnachtsmann. Schließlich war Ostern längst vorüber und Weihnachten noch lange hin. Also hatten die beiden nichts zu tun und trafen sich zufällig am Strand.

»Ach nanu, Herr Weihnachtsmann. Machen Sie auch Ferien hier?«, sprach der Osterhase ihn an.

Schläfrig hob der Weihnachtsmann seine Sonnenbrille. Er ärgerte sich ein wenig, dass man ihn auch ohne roten Mantel erkannt hatte. Mürrisch antwortete er: »Ich muss mich ja schließlich auch mal erholen.« Eigentlich hatte er überhaupt keine Lust auf eine Unterhaltung mit dem Osterhasen. Der wiederum schien sehr erfreut zu sein, hier einen Bekannten zu treffen. »Wovon müssen Sie sich denn erholen, lieber Herr Kollege?«, fragte der Osterhase. »Sie

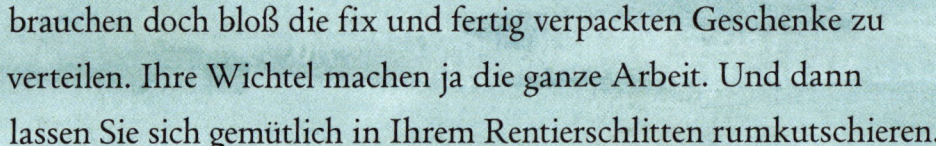

brauchen doch bloß die fix und fertig verpackten Geschenke zu verteilen. Ihre Wichtel machen ja die ganze Arbeit. Und dann lassen Sie sich gemütlich in Ihrem Rentierschlitten rumkutschieren. Ich habe da den deutlich stressigeren Job!«

Der Weihnachtsmann empörte sich: »Also hören Sie mal, lieber Kollege. Wenn Sie wirklich glauben, Ihr Job wäre anstrengender als meiner, dann lassen Sie uns doch im nächsten Jahr einmal tauschen.«

Der Osterhase lachte. »Von mir aus. Sie übernehmen nächste Ostern meine Arbeit. Und wenn Sie das gut hinkriegen, übernehme ich danach Ihre!«

Gesagt, getan. Eine Woche vor Ostern machte sich der Weihnachtsmann auf zur Werkstatt des Osterhasen. Der drückte ihm den Schlüssel in die Hand, nahm seinen Koffer, wünschte viel Erfolg und machte sich aus dem Staub. Mit großen Augen starrten die Helferhasen den Weihnachts-

mann an. »Ach herrje. Ein neuer Chef? Und noch dazu der Weihnachtsmann? Na, das kann ja lustig werden.«

Wie Recht sie haben sollten. Der Weihnachtsmann schaute
sich etwas unsicher um. »Wie, äh, läuft das denn hier so bei euch?«,
fragte er.

»Na, Sie sind doch jetzt der Chef«, antwortete Hase Hermann.
Er war der Vorarbeiter. »Sie müssen jetzt das Muster für die neue
Kollektion aussuchen und die Farben und all das.«

»Aha«, sagte der Weihnachtsmann und nickte. »Tja, dann
würde ich sagen, als Farben nehmen wir: Rot, Weiß und Grün.«
Damit hatte er bisher schon gute Erfahrungen gemacht. »Und
noch etwas Gold und Silber«, ergänzte er. Die Hasen schauten sich
stirnrunzelnd an. »Ach ja, was das Muster angeht, da würde ich
vorschlagen: Tannenzapfen und Sterne. Noch was? Äh … Schneeflocken!«, sagte der Weihnachtsmann und lächelte zufrieden. Das
war doch wirklich nicht
schwer.

Zögernd suchten die
Hasen die Farben raus
und machten sich kopf-
schüttelnd an die Arbeit.

Der Weihnachts-
mann setzte sich
inzwischen in das
Büro des Osterhasen
und hielt ein Nickerchen.

»Entschuldigung, Herr Weihnachtsmann, wir wären dann so weit fertig«, weckte ihn Hase Hermann.

Zufrieden begutachtete der Weihnachtsmann die Eierkollektion. »Sehr schön, sehr schön. Hervorragende Arbeit! Und das mit dem Verteilen übernehmen Sie doch bitte. Mein Schlitten ist noch in der Werkstatt. Und ich bin ja nicht mehr so gut zu Fuß.« Der Weihnachtsmann lobte noch einmal die gute Arbeit und verabschiedete sich. Hase Hermann und die anderen blieben mit fragenden Gesichtern zurück.

Einige Wochen später traf er den Osterhasen wieder. »Lieber Kollege, gut, dass ich Sie treffe«, rief der Osterhase. »Ehrlich gesagt, ich glaube, wir lassen das mit dem Jobtausch besser.«

»Wieso?!«, fragte der Weihnachtsmann verwundert.

»Na ja«, sagte der Osterhase, »ich habe da doch einige Beschwerden erhalten, wegen der Farben und der Muster ...« Er schüttelte lachend den Kopf. »Nichts für ungut, aber in Zukunft mache ich das lieber wieder selbst.«

Der Weihnachtsmann zuckte mit den Schultern. Er verstand den Hasen nicht. »Was spricht denn gegen rote Ostereier mit Schneeflocken? Oder goldene mit Tannenzapfen?« Er persönlich fand sie ja außerordentlich gut gelungen. Er nahm sich fest vor, einige davon im kommenden Winter an den Weihnachtsbaum zu hängen.